Communiquer
avec
son âme

www.quebecloisirs.com

UNE ÉDITION DU CLUB QUÉBEC LOISIRS INC.
© Avec l'autorisation des Éditions Quebecor
© 2004, Les Éditions Quebecor
Dépôt légal — Bibliothèque nationale du Québec, 2004
ISBN 2-89430-671-7
(publié précédemment sous ISBN 2-7640-0891-0)

Imprimé au Canada

Communiquer avec son âme

MADELEEN DUBOIS

avec la collaboration de
Michèle Lemieux

*À la mémoire de notre chère Mariette
qui a quitté son corps le 12 décembre 1996 – et qui,
pourtant, demeure plus vivante que jamais
dans chacun de nos cœurs.*

Remerciements

À mon cher amour J.-P. (Jean-Paul Gauthier),
ce si bel être que j'ai longtemps cherché
et auprès duquel je désire passer le reste de mes jours.
Merci d'être là. Tes inlassables encouragements,
ton réconfort, ta belle énergie me sont salutaires.
Merci d'être ce que tu es et merci enfin
pour ton amour et ta complicité.

À madame Michèle Lemieux, hommages et remerciements
pour son inestimable collaboration.
Grâce à toi, chère Michèle, j'ai pu voir se concrétiser
le projet que j'avais en tête: la naissance
de mon deuxième livre. Merci pour ton aide
si précieuse et, surtout, merci pour ton amitié.

Un merci tout spécial à Huguette Croteau,
ma fidèle et dévouée amie. Merci pour ton soutien
et ta disponibilité, et ce, depuis des années.

Un gros merci également à toutes les personnes venues
entendre mes conférences au cours des vingt dernières
années. Votre présence m'est très chère.

Je tiens à remercier également tous ceux qui me liront.
À vous tous, amis inconnus,
je souhaite de trouver une aide puissante en votre âme.

Un merci particulier aux Éditions Quebecor et à toute
l'équipe qui a travaillé à la réalisation de ce livre.

Et enfin, à ma petite sœur Mariette, avec qui j'ai passé de si
délicieux moments, juste avant son départ.
Merci, chère Mariette, de m'avoir permis de te parler
de ce pont qui mène à la vie dans sa plus large extension.
Je te souhaite bonne route sachant qu'un jour ou l'autre,
il me faudra passer par ce pont qui nous
conduit à la Vie infinie.

Vint un temps où le risque de rester à l'étroit dans un bourgeon était plus douloureux que le risque d'éclore.

Anaïs Nin

Introduction

Dans notre société actuelle, le rythme de vie auquel nous sommes contraints nous fait bien souvent perdre de vue l'essentiel. À moins de fournir un effort quotidien, à moins de nous arrêter chaque jour pour nous rebrancher sur notre vérité intérieure, nous avons presque tous le sentiment d'être happés par le tourbillon de la vie et de ne pas diriger notre existence.

Et c'est justement dans ce flot incessant d'événements et de pensées que nous avons tendance à confondre l'accessoire et l'essentiel.

En effet, nous croyons que nous sommes des êtres physiques qui viennent effectuer des expériences sur le plan matériel, alors que nous sommes d'abord des êtres spirituels qui viennent expérimenter sur le plan de la matière.

Notre âme est au centre de notre existence… mais nous n'en sommes pas toujours conscients. Lorsque nous découvrons cette vérité, nous transformons véritablement notre vie et l'améliorons dans tous les sens.

Nous pouvons apprendre à communiquer avec notre âme et nous pouvons nous entraîner à lui faire de plus en plus confiance. Nous pouvons lui laisser toute latitude et lui permettre de guider notre vie. Et lorsque nous le faisons, nous ne sommes jamais déçus, bien au contraire!

Nous sommes responsables de notre vie à part entière. Nous sommes responsables de ce que nous pensons à cœur de jour, de ce que nous ressentons, des liens que nous tissons et entretenons, des objets qui sont nôtres, de notre santé comme de nos malaises, de nos joies comme de nos peines.

Puisque nous sommes responsables de notre vie, c'est justement que nous avons le pouvoir d'en changer. Nous pouvons toujours améliorer notre sort, et ce, dès aujourd'hui. Alors, si la possibilité d'améliorer votre existence vous sourit, ne tardez plus: ce livre est pour vous. J'espère qu'il vous fera le plus grand bien.

Première partie

APPRENDRE À COMMUNIQUER AVEC NOTRE ÂME

CHAPITRE I

Les trois niveaux de compréhension

N'aie jamais crainte de perdre quelque chose !
Car ce qui peut être perdu ne peut être l'essentiel.

Aryadeva

Pour tout être humain, il existe trois niveaux de compréhension, que nous appelons aussi «niveaux vibratoires» ou «niveaux de conscience». Ces trois niveaux d'énergie sont le physique, l'âme et l'Esprit. Il est à noter que le mot «Esprit» s'écrit ici avec un E majuscule. Comme je me plais souvent à le dire, ce mot est digne de s'écrire ainsi, car il fait ici référence à Dieu en nous, alors que le mot «esprit», qui s'écrit avec un e minuscule, se rapporte à notre pensée.

Le corps physique est intégré à la matière. C'est lui qui nous permet de vivre de multiples expériences sur le plan matériel. Cet univers physique est délimité par nos cinq sens. Nous devons apprendre à nous élever de cette matière, non pas en la niant mais en développant, en resserrant de plus en plus notre relation avec notre âme. Car après tout, nous sommes des êtres spirituels qui, pour évoluer dans la matière, ont emprunté un corps physique.

*Nous devons apprendre à dépasser la matière,
car cet élément n'est qu'un aspect d'une vérité
beaucoup plus vaste.*

Les corps mental et émotionnel font aussi partie intégrante du corps physique. Ce sont ces aspects qui nous permettent de nous exprimer dans la matière, tant sur le plan de l'intellect que sur celui de l'émotion.

Souvent, nous accusons notre mental de nous tourmenter, de nous jouer de vilains tours. Il nous arrive aussi d'imaginer que notre vie se porterait bien mieux si nous n'avions pas un ego pour nous malmener. Mais voilà, il ne faut détester aucun des aspects qui sont en nous, qui font partie intégrante de nous, car tous ces éléments servent notre évolution. Tous, sans exception.

De plus, la haine génère toujours une foule de problèmes. Elle nous dessert plus qu'elle ne nous sert. Plutôt que de mépriser ces aspects de notre humanité, nous devons apprendre à nous en servir à bon escient. Utilisons nos côtés sombres comme s'il s'agissait d'un bon combustible; utilisons l'obscurité en nous pour avancer, pour nous propulser de plus en plus vers la lumière.

Nous pouvons percevoir tous ces aspects présents dans notre vie comme négatifs *a priori*, mais nous devons les intégrer de telle sorte qu'ils deviennent positifs. Nous devons tenter, par exemple, de mettre notre ego à notre service et non pas servir notre ego. La nuance est ici bien importante.

Dans la vie, rien ne se perd, rien ne se crée. De la même façon, rien n'est jamais inutile. Ce qui peut nous sembler négatif au départ ne l'est jamais avec le recul. Toutes les expériences, même celles que nous qualifions de douloureuses, nous servent à évoluer, à grandir, à comprendre, à nous améliorer.

De toutes ces expériences, mêmes celles qui nous apparaissent comme étant les plus négatives, nous ressortons toujours grandis, et ce, même si nous n'aimons pas particulièrement la douleur, pour des raisons évidentes. D'instinct, nous n'aimons pas les situations douloureuses... mais nous devons comprendre qu'elles recèlent leur potentiel d'évolution.

Si nous avions la sagesse d'apprendre lorsque tout se déroule bien dans notre vie, nous n'aurions pas besoin d'expérimenter par la souffrance; il ne serait pas nécessaire de connaître la douleur pour grandir et pour progresser.

Notre âme nous place toujours dans des situations qui nous forcent à la découvrir, qui nous mènent à elle, qui nous incitent à entrer en contact avec elle. Et une fois que nous l'avons trouvée, elle nous replace toujours en situation tantôt difficile, tantôt angoissante, mais jamais désespérée, pour que nous gardions le contact avec elle, pour que nous nous référions à elle.

Ainsi donc, si nous le faisions naturellement, si nous gardions le contact avec notre âme pour être guidés, à tout moment et en toutes circonstances, nous n'aurions pas besoin d'expérimenter la souffrance.

Parfois, des épreuves surviennent dans nos vies, des tuiles nous tombent sur la tête mais, malgré cela, nous restons endormis dans le sommeil de la conscience sociale sans tirer les leçons qui se doivent et qui sont pourtant si évidentes.

À certains moments, de par notre volonté de garder les yeux fermés et de ne pas voir les évidences, il faut littéralement que l'édifice au complet s'écroule sur notre tête pour que nous en arrivions à saisir ce que nous devons comprendre...

Voilà bien le propre de l'être humain: il en arrive à bouger lorsqu'il n'a plus le choix, lorsqu'il n'a plus d'autre solution de rechange, lorsqu'il se retrouve littéralement coincé dans une situation impossible. Alors, et alors seulement, est-il prêt à rebrousser chemin et à explorer une autre voie.

Lorsque nous sommes de bons étudiants de la vie, lorsque nous savons apprendre et tirer des leçons de nos expériences, rien n'est jamais négatif, quels que soient l'événement et le degré de souffrance qu'il génère. Il y a toujours quelque chose de bon à toute chose, à tout événement.

Fondamentalement, dans chaque événement, dans chaque situation, il existe une possibilité d'évolution, une possibilité de croissance. Et chacune de ces occasions d'évolution est provoquée par notre âme pour nous aider à grandir, encore et toujours. Elle ne se produit jamais en vain.

Rien n'est jamais inutile. Rien n'est jamais sans conséquence. Rien n'est jamais sans but. Pour tout être humain, chaque instant de sa vie est utile, a un sens et sert un objectif bien précis.

Le niveau de l'âme est le niveau spirituel de l'être humain. Nous ne sommes pas des êtres physiques venus effectuer des expériences spirituelles, mais bien l'inverse: des êtres foncièrement spirituels venus expérimenter dans la matière. En effet, nous sommes avant tout des êtres spirituels venus faire des expériences dans le monde physique, et ce, dans le but de servir notre propre évolution.

La dimension de l'âme, c'est la lumière qui est en nous, c'est notre divinité intérieure. Qu'on appelle cette dimension notre ange gardien, notre guide lumineux, ou d'une autre façon, cela n'a aucune espèce d'importance. Un nom n'est qu'un nom. Nous parlons ici d'une essence, nous faisons ici allusion à l'âme.

L'âme est éternelle. Elle n'a pas connu de début et ne connaîtra jamais de fin. L'âme est éternellement dans le moment présent, qui est d'ailleurs sa seule réalité. Nous portons donc en nous l'éternité, ici et maintenant. L'éternité n'a pas débuté à un certain moment et ne s'arrêtera pas un jour ou l'autre, dans un proche ou lointain avenir. L'éternité n'a pas connu de début et ne connaîtra pas de fin. Nous sommes issus de cette éternité, nous sommes de l'essence même de cette éternité.

*Évoquer l'âme, c'est nécessairement en arriver
à aborder le thème de l'abandon.
Pour connaître l'abandon, nous devons forcément
expérimenter le lâcher-prise, mais aussi la confiance.*

Le mental est contrôle, méfiance, calcul et maîtrise. Il nous rappelle sans cesse qu'il ne faut guère nous abandonner de peur de mourir ou, du moins, par crainte de ne pas survivre aux situations qui lui semblent particulièrement menaçantes.

Celui qui ne maîtrise pas son mental vit dans la peur, l'inquiétude, l'angoisse du lendemain. Car le mental est menteur. Il veut nous convaincre que tout est inquiétant. Pis encore, il cherche à nous faire croire que notre survie est sans cesse menacée.

Nous habituer à notre âme, nous familiariser avec elle demande un certain travail sur soi. Entrer en contact avec notre âme, jusqu'au point où cela devient une première nature, demande un certain entraînement. Ce n'est généralement pas un réflexe dans nos vies. Nous misons sur ce que nous connaissons: le mental... et nous nous laissons littéralement piéger par lui.

Il peut être difficile de lâcher prise, particulièrement lorsque nous sommes de nature cérébrale. Les cérébraux sont constamment dans l'analyse, dans la logique et se fient aux apparences, la plupart du temps. Lâcher prise n'est pas du domaine du mental, car cet exercice demande un abandon et une foi exceptionnels.

En effet, le lâcher-prise implique que, même lorsque nous ne comprenons pas le pourquoi de l'exercice, nous choisissons d'avancer avec confiance, et ce, en dépit du fait que nous ne voyons rien, ne pressentons pas d'issue et ne savons pas à quoi la démarche peut bien servir. Mais nous avons au moins cette certitude: nous devons avancer avec confiance car, quoi qu'il arrive, tout sera pour le mieux. Toujours.

Nous avons parfois besoin de demander à notre âme de nous aider à lâcher prise. Et nous ne sommes jamais déçus. Car chaque fois que nous expérimentons l'abandon, cela produit des résultats inespérés et enthousiasmants.

L'Esprit est, en fait, ce que je serais tentée de nommer «Dieu en nous». Dieu en nous, c'est la Puissance, c'est la Force, c'est la Lumière, c'est l'Amour. C'est aussi la Perfection. L'Amour en nous est d'essence divine. C'est l'amour inconditionnel, l'amour divin, l'amour sans restriction, l'amour fait de compassion, l'amour fait de perfection.

Quelle différence y a-t-il entre l'Esprit et notre âme? La démarcation est si subtile qu'elle est parfois difficile à définir. En fait, nous vivons dans la troisième dimension, mais lorsque nous touchons le domaine spirituel, nous passons à la quatrième dimension. Toutes les notions humaines sont définies par des mots, mais notre réalité spirituelle se situe au-delà des mots. Bien au-delà des mots.

La façon que j'explique l'Esprit par rapport à l'âme, c'est par l'existence de cette interconnexion. L'un existe par rapport à l'autre. L'âme est cependant comme la goutte d'eau dans l'océan: elle a tous les éléments de l'océan, mais elle n'est pas l'océan. L'âme, c'est cette mémoire qui nous survit, qui nous suit depuis toujours et pour l'éternité. Toutes les gouttes d'eau sont nécessaires pour former l'océan. L'océan infini, c'est l'Esprit en nous, c'est Dieu. Notre âme est une partie de ce tout.

*Nous sommes tous interreliés,
tout comme les gouttes de l'océan.
Et cet ensemble, ce tout, cet océan, c'est Dieu.*

S'il existe une partie du tout en nous et que nous y ayons accès par l'entremise de notre âme, nous portons donc le tout à l'intérieur de nous, car nous ne sommes pas séparés les uns des autres, contrairement à ce que les apparences voudraient nous faire croire. Lorsque nous sortons à l'extérieur, nous ne disons pas en regardant le soleil: «Tiens! voilà "mon" soleil.» Nous parlons du soleil comme de l'astre qui luit pour tout le monde et pas seulement pour nous!

Nous avons tous la même possibilité d'aller nous faire bronzer, nous réchauffer, nous laisser imprégner par les rayons du soleil. De la même manière, nous sommes tous habités par la même vie. Et cette vie trouve un sens par l'évolution qui se fait et se conduit au niveau de l'âme.

Nous étions tous des anges avant d'entreprendre nos incarnations sur terre. Certaines âmes sont restées dans la dimension angélique, d'autres ont choisi de s'incarner et de venir expérimenter dans la matière, sur le plan terrestre.

J'ai travaillé pendant quelque temps avec les entités au moyen du channeling. Pendant ces séances, il arrivait souvent que les entités nous disent de cesser de les imaginer avec des ailes lorsque nous parlons d'elles en tant qu'anges. Les entités n'ont pas d'ailes, c'est une pure invention de notre part.

*Nos âmes, qui se sont incarnées,
ont décidé à l'origine de commencer le cycle
des incarnations pour accumuler un grand bagage
de connaissances. Nous avons choisi de faire
l'expérience du plan terrestre, entre autres,
pour éprouver des émotions.*

La terre est en effet le seul endroit, semble-t-il, où nous puissions éprouver des émotions à proprement parler. C'est le seul endroit où nous puissions expérimenter des choses qui sont en relation avec le domaine émotionnel. L'âme repart donc, au jour de la mort physique, avec un bagage d'acquis sur le plan de l'émotion.

Ce n'est pas tant sur le plan des amours que l'âme s'enrichit, mais plutôt grâce à ce que nous avons ressenti en vivant nos amours. Cet exemple s'applique à tous les domaines de notre vie, tant en ce qui a trait à notre vie professionnelle et familial qu'en ce qui concerne le matériel.

Souvent, dans le domaine affectif ou sur le plan amoureux, nous vivons beaucoup de rejet, d'abandon, de trahison, de tristesse et bien d'autres émotions difficiles à traverser. L'âme doit relever le défi de transcender ces émotions pour les transformer en pur amour. Ces expériences sont comme du fumier: nous sommes portés à les juger négativement *a priori* mais, justement, c'est dans le fumier que poussent les plus belles roses...

Il en est de même de toutes nos expériences de vie. Ce sont souvent les moments difficiles qui nous amènent à dépasser ce que nous sommes et qui nous permettent de revenir à l'amour, non pas à l'amour humain mais à l'Amour divin qui est pur, gratuit, sans condition.

Il nous faut souvent plusieurs incarnations pour apprendre à vivre nos amours avec beaucoup de souplesse, avec beaucoup de sagesse et avec beaucoup d'ouverture au niveau du cœur. Il nous faut souvent plusieurs vies avant d'arriver à expérimenter un investissement de plus en plus grand sur le plan de l'amour inconditionnel, qui déborde de l'amour linéaire limité à la relation fermée et exclusive qui se vit sur le mode du «toi et moi».

En fait, nous revenons toujours sur le plan terrestre pour apprendre quelque chose, pour assimiler une leçon. De ce voyage, notre âme repart toujours de la terre — elle quitte toujours cette dimension — avec un nouveau bagage d'expériences sur le plan de l'émotion.

La vie matérielle est faite, entre autres, de ce que nous voyons avec nos yeux de chair. Le domaine spirituel, quant à lui, est le domaine que nous ne voyons pas, c'est l'invisible. Cependant, nous savons qu'il existe: ce n'est pas parce que nous ne le voyons pas qu'il n'existe pas!

Le monde spirituel est tout aussi habité que la terre, sauf que nous ne le voyons pas avec nos yeux de chair. Il est difficile pour nous de saisir qu'en quatrième dimension, il n'y a plus d'obstacle qui nous empêche de voir, que notre champ de conscience n'est plus obstrué.

Notre champ de conscience est totalement ouvert et dégagé dans la quatrième dimension. Ainsi, dès qu'une personne quitte le plan terrestre, elle se retrouve dans cette dimension sans limites ni barrières. Elle ne peut donc absolument pas souffrir de notre absence, car elle continue à nous voir évoluer.

Pendant ce temps, lorsque notre corps physique se repose la nuit, notre corps émotionnel se dirige vers les êtres qui nous ont quittés; ils sont passés dans une dimension plus vaste, et nous les côtoyons.

Un jour, alors que je donnais une série de conférences, l'une des femmes venues m'entendre me dit qu'elle avait perdu son frère dans un accident de voiture et qu'elle avait eu beaucoup de peine à la suite de ce décès. Cette femme se disait très ébranlée, car elle s'était toujours sentie très proche de son frère.

Elle m'avait spécifié ne rien connaître à la croissance personnelle ou à l'étude de la spiritualité. Elle disait avoir été amenée à entendre mes conférences «par hasard», grâce à une amie. Mais, justement, elle voulait croire à une autre réalité que celle qui se limitait à la matière.

Un soir, en se mettant au lit, elle a demandé à son âme de l'aider à savoir si son frère était bien, heureux, en paix depuis qu'il était décédé. Comme elle s'ennuyait terriblement de lui, elle cherchait ainsi une certaine consolation.

Cette nuit-là, elle a vu son frère parfaitement et clairement en rêve. Il était beau, détendu, souriant, heureux. Il l'a regardée en lui demandant: «Pourquoi pleures-tu?» lui signifiant alors qu'elle ne devait pas se causer du chagrin à son sujet, qu'il n'y avait aucune raison de s'en faire.

Au petit matin, lorsqu'elle s'est réveillée, elle s'est souvenue du rêve effectué au sujet de son frère et de cette fatidique question qu'il lui avait posée au sujet de sa tristesse; elle en fut ébranlée. À partir de ce moment, elle n'a plus pleuré sur le sort de son frère. Elle savait que, pour lui, tout allait bien. Elle sentait aussi intérieurement que par ce rêve, elle avait reçu une confirmation au sujet d'une chose qui lui tenait à cœur.

Nous avons l'impression que la vraie vie est ici et que, lorsque nous dormons, nous vivons momentanément dans un monde de rêves et de songes. Mais où est la vraie vie? Où est la réalité? le rêve? Nous pouvons méditer sur la question...

Personne d'entre nous n'est pressé de quitter le plan terrestre. Le fait de nous familiariser avec la mort ne la fera pas nécessairement se produire plus rapidement; cependant, les entités prétendent que nous nous enlevons un poids énorme en l'apprivoisant.

Si nous ne voulons pas mourir comme bien des endormis de la conscience sociale, nous devons nous familiariser avec la mort et l'apprivoiser. Nous devons être présents à notre mort. Présents dans tous les sens du terme. Mais, pour ce faire, nous devons d'abord être présents à notre vie.

Si nous ne développons pas une certaine quiétude face à tout ce que nous sommes maintenant, si nous n'arrivons pas à nous faire confiance, nous ne serons pas plus en paix lorsque viendra le temps de quitter le plan terrestre! Car, bien évidemment, nous mourrons comme nous aurons vécu.

Comme l'indique la dédicace de ce présent ouvrage, ma sœur Mariette est décédée à la fin de l'année 1996. Je me rappelle lui avoir dit, peu de temps avant son décès, qu'elle devait gagner de la confiance face à cet événement qui se préparait, qu'elle devait demeurer dans sa lumière afin d'être consciente de cette transition d'un plan à l'autre.

À ce sujet, ma sœur me faisait souvent part de ses craintes. À l'aube de sa mort, Mariette craignait de ne pas penser à cette lumière qui est sienne, car elle n'en avait pas l'habitude. Je me rappelle lui avoir suggéré alors de le demander à son âme, tout simplement.

Mariette n'était pas familiarisée avec cette façon de penser, mais elle se sentait ouverte à ces enseignements. Comme elle craignait d'oublier de demeurer dans sa lumière au moment de sa mort, elle a tout fait pour que je sois présente à cet instant, afin de le lui faire penser.

Effectivement, par un curieux concours de circonstances, j'étais sur place lors de son décès et j'ai pu lui suggérer de rester dans sa lumière. Au moment de sa mort, je l'ai prise dans mes bras, je lui ai mis la main sur le front, et je lui ai dit: «Mariette, rentre dans ta lumière, désire ta propre lumière. Va-t'en, effectue la transition. Ne cherche pas à revenir dans ce corps physique. C'est terminé. Va-t'en.»

Évidemment, je ne sais pas ce que Mariette a pu vivre au moment où je lui ai dit ces paroles. Cependant, quelques mois plus tard, je suis allée consulter une médium pour entrer en contact avec ma sœur. Il va sans dire que cette médium ne savait absolument pas ce qui s'était passé dans ma vie ni dans celle de Mariette...

Ce jour-là, la médium en question m'a révélé voir ma sœur étendue sur une chaise, alors que je la tenais dans mes bras et que je lui parlais. Elle m'a dit qu'à un certain moment, j'ai cessé de lui parler, que ma sœur a tenté d'entrer en contact avec moi, mais que je ne comprenais pas ce qu'elle disait, que je ne l'entendais pas. C'est, semble-t-il, à ce moment-là précisément que Mariette venait de constater qu'elle était passée dans l'au-delà...

La médium ne pouvait connaître le détail de ces moments intimes que nous avions vécus, ma sœur et moi, et j'avoue que cela m'a franchement étonnée. J'ai alors demandé à cette médium de poser la question suivante à ma sœur: «As-tu pris conscience, Mariette, que tu étais décédée?» Et la médium m'a répondu que ma sœur voulait que je sache qu'elle n'était pas morte et qu'en fait, elle n'avait jamais été aussi vivante...

Cette expérience m'a vraiment servi à confirmer ce que je savais déjà au sujet de cette étape de la mort. Elle m'a permis de constater de manière concrète, et non simplement théorique, que la fin en soi n'existe pas. Il n'y a qu'un changement de dimension, un changement de plan. Pas de fin en soi.

Grâce à ma consultation chez la médium, j'ai compris que Mariette, dans la quatrième dimension, entendait très bien ce que je lui disais alors que moi, en vivant dans la troisième dimension, je n'entendais pas ce qu'elle tentait de me dire. Lorsqu'elle s'est aperçue qu'il lui était impossible de communiquer avec moi, ma sœur a pris conscience qu'elle avait effectué le passage vers la quatrième dimension, ou qu'elle avait fait ce que nous appelons aussi la grande traversée. Non pas parce qu'elle ne pouvait pas me parler, mais bien parce que je ne pouvais l'entendre.

Cette expérience m'a rassurée sur une chose: Mariette voulait que je sache qu'elle était plus vivante que jamais. Et je porte en moi cette intime conviction.

Je crois que c'est ce qui nous attend tous à la mort: connaître une vie tout aussi riche... mais sur un plan totalement différent.

Chapitre 2

De jeunes âmes et de vieilles âmes

Chaque âme devient ce qu'elle contemple.

Plotin

O n me demande souvent dans mes ateliers comment il est possible de différencier une jeune âme d'une vieille âme. Car, de fait, nous n'avons pas tous le même degré d'évolution.

L'âme ne revient jamais sur la terre avec ses acquis sur le plan physique. Toutefois, elle revient toujours sur le plan terrestre avec son bagage accumulé depuis la nuit des temps sur le plan émotionnel.

☯☯☯

Le but de la vie est l'apprentissage de l'amour. Le véritable amour: pur, désintéressé, généreux, inconditionnel, universel. Nous devons atteindre cet état d'amour, pour nous-mêmes dans un premier temps, pour les autres dans un second.

Finalement, nous cherchons tous à obtenir l'amour pur, l'amour inconditionnel. Dans le film *Mon fantôme d'amour*, Patrick Swayze dit à un certain moment que «nous repartons tous avec l'amour que nous portons en nous». Voilà notre acquis lors de nos séjours sur terre. Mais je dois ajouter ici que nous repartons aussi avec les manques d'amour que nous portons en nous...

On dit qu'au moment d'expérimenter la quatrième dimension, nous nous en voulons profondément de ne pas «avoir été» plus amour, plus lumière, plus compassion durant notre incarnation terrestre. C'est, semble-t-il, l'un de nos plus profonds regrets.

Il existe, au moment de la transition entre la vie et la mort, ce que nous appelons la chambre du pardon. C'est un endroit où, en tant qu'âmes, nous effectuons un certain séjour. Cette étape nous permettrait de prendre conscience de tous nos manques d'amour. Dans cette chambre du pardon, nul ne nous juge. En fait, nous sommes les seuls juges de nos actes, mais nous sommes, semble-t-il, particulièrement impitoyables envers nous-mêmes. Objectifs et sans compromis.

À ce moment, nous voyons, tel un film sur grand écran, ce que nous avons été et ce que nous avons vécu dans notre dernière incarnation, et nous tirons nous-mêmes nos propres conclusions. Ces instants nous permettent de voir, de constater, de prendre conscience de nos désirs de pouvoir, de nos soifs d'argent et de nos quêtes de toutes autres grandes illusions terrestres.

Nous constatons notre mesquinerie éprouvée, alors que nous aurions pu venir en aide à quelqu'un et tendre une main secourable. Nous voyons à quel point nous avons été sévères dans nos jugements, à quel point nous avons rejeté des gens sans raison. Et lorsque nous prenons conscience de tout cela dans la chambre du pardon, nous ne sommes pas très fiers de nous, semble-t-il...

Des êtres de lumière viennent alors nous dire qu'il importe de nous aimer plus que nous l'avons fait jusqu'à maintenant. Nous devons tenter de nous comprendre et cesser de nous juger sévèrement.

Une vieille âme se reconnaît par son amour, par sa compassion et par son rayonnement. Une vieille âme ne cherche pas le pouvoir, elle ne cherche pas à faire de l'argent simplement par insécurité ou pour accumuler des biens. Ces choses se présentent par elles-mêmes, sans qu'elles ne soient provoquées, parce que la vieille âme se place naturellement dans un état vibratoire idéal pour l'abondance.

L'abondance extérieure n'est que le reflet de l'abondance intérieure. L'image idéale serait le gant que nous retournons à l'envers. L'endroit comme l'envers sont les deux facettes d'une même et seule réalité. Il en est de même de notre abondance extérieure: elle reflète l'abondance du cœur...

Lorsque nous sommes branchés sur cette confiance intérieure profonde, sur cet état d'abandon, toutes les bonnes choses viennent à nous librement. Car nous sommes toujours notre propre obstacle sur notre chemin.

Ce qui nous empêche vraiment d'aller vers ce qui nous convient le mieux, c'est toujours le fait de ne pas avoir suffisamment développé notre lumière. Je le répète, nous sommes avant tout des êtres de lumière. Et c'est cette lumière qui nous permet d'avancer, de progresser.

Un jour, j'ai entendu une personne me dire qu'elle détestait profondément son travail et qu'elle désirait le quitter. Cependant, elle disait espérer qu'en quittant son poste et en en occupant un autre, elle n'allait pas retrouver les mêmes situations, les mêmes frustrations. Je lui ai répondu qu'elle s'y prenait d'une bien mauvaise manière pour en changer, car voilà: en détestant son travail, elle était par le fait même enchaînée à la situation et risquait fort probablement d'en recréer une autre similaire.

Tant que nous n'apprenons pas à développer de plus en plus d'amour dans toutes les situations que nous vivons, tant que nous ne nous préparons pas pour quelque chose qui nous convient mieux, tant que nous continuons à dénigrer ce que nous vivons, nous pouvons difficilement transformer quelque situation que ce soit.

Pour transcender positivement toute situation, nous devons absolument nous servir de l'amour. Car l'amour nous servira toujours à améliorer notre sort.

Je prends souvent cet exemple pour illustrer cette situation. Si nous détestons quelqu'un, tant que nous haïssons cette personne, nous créons un lien négatif avec elle, car la haine a la capacité de créer une attache très puissante avec l'objet ou la personne détestés. Ce lien invisible est subtil: tant que nous ne pensons pas à la personne détestée, tout nous semble bien aller, mais dès que nous y songeons, notre cœur fait deux ou trois tours et nous constatons à quel point nous détestons cette personne, et, surtout, à quel point nous nous faisons du mal.

Nous sommes alors à même de constater à quel point nous sommes enchaînés à ceux que nous détestons. Et combien cette haine nous est bien plus nuisible qu'elle peut nuire à l'autre. Car nos pensées nous marquent d'abord avant de marquer les autres.

Chaque fois que nous quittons une situation ou des gens et que nous n'avons pas vécu l'amour face à ceux-ci, nous sommes impitoyablement liés, enchaînés. C'est ce que nous pourrions ici appeler notre prison intérieure.

Alors donc, comment peut-on reconnaître une vieille âme d'une jeune âme? La jeune âme est encore aux prises avec ses désirs de pouvoir, de sexe, d'argent, etc., alors que la vieille âme cherche à exprimer l'amour et trouve l'abondance. La vieille âme est aussi pleine de compassion. Elle sait pardonner.

Si une personne dans la cinquantaine ou la soixantaine ne s'est pas tournée vers son âme, c'est que cela n'a manifestement pas été un besoin dans sa vie. Elle n'a pas ressenti la nécessité d'expérimenter le contact avec son âme dans cette incarnation-ci.

Pourtant, vers la dernière partie de notre vie, nous ressentons généralement le besoin d'expérimenter une certaine forme de spiritualité afin de nous préparer à passer dans la quatrième dimension.

Beaucoup de gens se pensent très spirituels parce qu'ils pratiquent leur religion. Le vrai but de la religion est celui-ci: nous relier à Dieu. Il y a beaucoup de religions présentement, mais elles ne poursuivent pas ce but. Il y a même beaucoup de divisions au sein de ces religions.

La seule religion qui nous relie à Dieu, c'est celle qui peut se passer d'église et celle-là, c'est l'amour, c'est le «Je Suis». Je ne dirais pas que celui qui pratique sa religion n'est pas spirituel, mais il arrive souvent que des gens pratiquent leur religion sans être spirituels.

Personnellement, la religion ne répond pas à mes besoins de spiritualité. Les pratiques extérieures qui nous ont été enseignées ne répondent pas à mes besoins, même si j'aime beaucoup l'ambiance des églises, l'ambiance des cathédrales. J'aime me recueillir dans ces lieux, mais plus pour leur côté paisible que pour leur côté symbolique. J'aime sentir le recueillement intérieur que cette ambiance procure.

C'est merveilleux. Par contre, les pratiques extérieures ne me touchent pas, elles sont dénuées de sens pour moi.

Ainsi donc, nous reconnaissons une vieille âme à son amour, à sa compassion, à sa lumière, à son rayonnement. Mais aussi à sa disponibilité. Une personne qui n'a jamais le temps, qui est toujours pressée, qui court tout le temps, qui doit toujours faire vite est littéralement happée par le tourbillon de la vie. En effet, l'âme peut difficilement s'exprimer dans le corps de celui qui tourne constamment comme une toupie et qui vit la fuite en permanence. Comment entendre notre âme, dans ces circonstances?

Pour communiquer avec notre âme, il faut prendre le temps d'aller à l'intérieur de nous pour nous centrer. Ce n'est pas tant la concentration que la «centration» – se centrer en soi – qui s'avère efficace.

Se centrer, ce n'est pas tant de parler à notre âme que de l'écouter. Nous devons apprendre à passer du rationnel à l'intuition. Le moyen idéal que notre âme utilise pour nous joindre, pour nous atteindre, c'est l'intuition. Mais encore faut-il que nous soyons à l'écoute de celle-ci.

Si nous sommes constamment dans notre tête, si nous ne vivons jamais au niveau du cœur, nous pouvons difficilement parler de relation avec notre âme. Plus notre cœur est ouvert, plus nous sommes près de notre âme et plus nous sommes à son écoute. Plus nous vivons en harmonie avec notre âme, plus les peurs se dissolvent, s'estompent.

Lorsqu'une personne parle toujours de ses peurs, elle révèle se situer au niveau du mental. L'âme, qui évolue constamment, possède un bagage d'acquis. Elle est constamment en mesure de nous aider à nous libérer de la peur.

L'âme est de nature divine, elle nous vient de Dieu, qui s'exprime en nous par son intermédiaire. Dès que nous nous relions à notre âme, c'est comme si Dieu cherchait à nous imprégner d'amour et de lumière. Nous devons d'abord effectuer un premier pas: nous tourner vers notre âme, lui parler, lui demander son aide ou lui demander de se manifester.

L'âme ne s'impose pas à nous sans notre consentement. Notre âme attend toujours que nous nous tournions vers elle pour communiquer avec nous.

Même dans les détails qui peuvent sembler anodins au quotidien, nous pouvons expérimenter la sagesse de notre âme. Comment nous vêtir? Comment nous alimenter? Ce sont autant de questions qui, posées à notre âme, peuvent nous permettre de vivre dans une plus grande harmonie.

Lorsque nous posons ces questions à notre âme, le soir venu, nous n'avons aucun regret sur la journée écoulée, car toujours elle aura été vécue dans l'équilibre.

Lorsque nous vivons de concert avec notre volonté personnelle, notre mental ou notre ego, nous ne sommes pas toujours fiers de nous, en fin de journée. Mais lorsque nous nous en sommes remis à notre âme en ce qui concerne différentes facettes de notre vie, nous nous sentons merveilleusement guidés. De façon divine et lumineuse.

Lorsque nous sommes en contact avec notre âme, nous ne regardons pas la nature de la même façon, nous ne regardons pas les animaux de la même façon et nous regardons encore moins les êtres humains de la même façon.

Mais lorsque nous vivons comme des toupies, tourbillonnant sans cesse, sans avoir le temps de nous retrouver, de nous centrer, de nous coller à notre âme et de communiquer avec elle, nous pouvons facilement être déséquilibrés sur le plan émotionnel, que ce soit par un événement banal ou un simple commentaire de la part d'un individu.

Lorsque nous sommes en déséquilibre, cet état révèle que nous vivons au niveau de notre mental. Et forcément, dans ces moments, nous sommes en contact avec les peurs et l'insécurité. L'âme nous sert toujours les leçons que nous devons apprendre. Toujours. Et cela, nous ne devons jamais l'oublier.

Au niveau de l'âme, nous devons expérimenter la peine que nous causons ou que nous avons causée aux autres par le passé. Si nous ne sommes que témoins d'une situation qui génère de la souffrance dans la vie d'un proche, c'est que dans une vie antérieure, nous avons fait subir cette même souffrance à quelqu'un d'autre, que nous avons mis une personne dans une situation difficile, sans éprouver intérieurement de compassion pour celle-ci.

Par exemple, un enfant qui est témoin du fait que son frère ou sa sœur est régulièrement battu par son père peut penser qu'il a fait subir le même sort à un individu dans une autre vie. Son sentiment d'impuissance l'amène à comprendre ce que vit sa sœur ou son frère maltraité, et à acquérir de la compassion pour eux. Dans cette situation, l'individu n'est pas battu, comme le voudrait le juste retour des choses, mais il éprouve le chagrin qu'il a causé jadis à quelqu'un qui était impuissant.

Nous évoluons pour devenir des êtres d'amour et de lumière. Nous étions des anges et nous avons décidé d'entreprendre le cycle des incarnations, conscients des acquis que nous allions avoir à notre actif en venant nous incarner sur le plan terrestre. Mais voilà, une fois que le cycle des incarnations a débuté, nous ne pouvons plus l'arrêter avant de redevenir totalement lumière, c'est-à-dire de retourner dans la dimension angélique.

Pour ce faire, nous devons passer par le cycle des incarnations jusqu'au moment où la fusion de notre âme et de notre corps physique sera parfaite. À ce moment précis, la fusion avec l'Esprit aura été faite pour qu'il y ait trinité; nous aurons alors accompli la grande fusion des êtres réalisés.

Lorsqu'on parle d'êtres réalisés, je pense, entre autres, à Saï Baba, qui est un de ces êtres vivant sur le plan terrestre; il réside actuellement en Inde. Cet être réalisé dit et fait très peu de choses; il n'écrit pas ses enseignements. Ce sont des gens qui vont le voir et l'entendre qui recueillent ses propos et qui témoignent de ce qu'ils ont vu. Beaucoup d'entre eux se rendent auprès de lui pour le questionner et transmettre par la suite ses enseignements.

À l'âge de 25 ans, je suis allée consulter une voyante qui m'a avoué trouver dommage que je vienne la voir à cet âge car, prétendait-elle, elle n'avait pas de bien belles choses à me dire pour les vingt-cinq prochaines années à venir. Elle m'avait alors dit qu'à cinquante ans, ma vie basculererait et que, finalement, elle allait enfin être belle et satisfaisante.

Elle avait pris soin de me dire que j'allais vivre une autre existence à partir de ce moment, comme si j'allais changer complètement de personnalité, comme si toute ma vie allait être transmutée. Mais il me fallait pour cela passer d'abord au travers mes premières années de vie.

Elle me disait que, du point de vue karmique, j'étais venue sur terre pour régler bien des choses. Et que ces choses, j'allais les saisir dès la cinquantaine. À l'époque, j'avais été particulièrement découragée d'imaginer que j'en avais encore pour vingt-cinq ans à vivre des moments difficiles. Et croyez-moi, ces vingt-cinq années ont effectivement été difficiles!

Mais voilà: le jour même de mes cinquante ans, un message merveilleux m'est parvenu. Dans ma boîte aux lettres, j'ai trouvé quelque chose de très spécial et de vraiment symbolique à mes yeux. Un de mes amis, qui était alors en Inde dans un ashram avec Saï Baba, avait su par une amie commune que j'allais célébrer mes cinquante ans le 26 janvier de cette année-là. Le jour où il a reçu cette information, il m'a fait parvenir de la cendre de Saï Baba... et ce présent est arrivé chez moi le jour même de mes cinquante ans.

Il me faut expliquer ici que Saï Baba a le pouvoir de manifester de la cendre, c'est-à-dire qu'il produit de la cendre sacrée, qui ne diminue jamais. Pour moi, ce fut un symbole merveilleux, en ce jour de mon cinquantième anniversaire de naissance. Depuis ce moment, je dois dire que j'ai vécu une évolution, une transformation, un changement, un tournant majeur. Et j'en suis bien heureuse.

Lorsque nous faisons en sorte que la personnalité se retire un peu, qu'elle prenne de moins en moins de place afin de permettre au «Je Suis» d'occuper toute la place dont il a besoin pour s'exprimer, nous accordons moins d'importance aux choses qui importent pour la majorité des gens. Et nous sommes forcément beaucoup moins malheureux pour des peccadilles de toutes sortes.

Les comment et les pourquoi traduisent le langage du mental. L'âme, quant à elle, est constamment sur le mode «abandon», qui jamais ne crée de résistance. Par le fait même, plus nous sommes en contact avec notre âme, moins le mental a de prise sur nous et plus nous avançons dans la vie avec confiance.

Par exemple, au cours de mon évolution personnelle, j'ai effectué une grande épuration face à mon insécurité sur le plan financier. Je connais la détresse des gens qui s'inquiètent, calculent, se tourmentent. Je comprends ce qu'ils vivent et ressentent puisque je suis passée par là.

Je sais la douleur qu'on peut éprouver lorsqu'on vit dans l'insécurité financière. J'ai eu la chance, lorsque j'ai épuré cette peur, de me libérer totalement et sans retour de cette dernière. Aujourd'hui, je n'ai plus de temps à consacrer à cette insécurité et je vis dans la confiance.

J'ai connu l'abondance matérielle, mais j'ai aussi connu une période durant laquelle je n'ai eu que le strict nécessaire pour vivre. Mais étrangement, mes besoins ont toujours été comblés, quelle que soit ma situation matérielle et financière.

Ces expériences m'ont donné une immense confiance. Elles ont consolidé ce sens de l'abandon que je développais peu à peu. Ces situations particulièrement difficiles à traverser m'ont permis de quitter de plus en plus la suprématie du mental pour m'abandonner à la vérité de mon âme. Et en toutes choses, je suis ressortie gagnante...

CHAPITRE 3

L'âme et l'ego

Faire confiance est une preuve de courage.
Marie Von Ebner-Eschenbach

L'ego a besoin de stabilité, de sécurité, de croyances. Il a besoin de permanence. Nous désirons des relations stables, car notre ego ne supporte pas le changement. Et il en est de même dans tous les domaines de notre vie. En fait, l'ego a besoin de sécurité et de croyances pour assurer sa survie.

L'âme, elle, nous pousse au changement et à l'évolution. Si nous examinons la croyance de la plupart des Québécois en ce qui a trait au couple, nous constatons que la définition du beau couple, c'est un homme et une femme qui sont ensemble depuis des années, qu'il y ait encore ou non du bonheur dans cette relation. Même dans les pires cas, nous osons dire qu'ils vivent un «bel amour tranquille»!

Souvent, nous préférons un amour qui s'incruste dans les «bonnes vieilles habitudes» à la solitude car, d'une certaine manière, cette situation peut sembler sécurisante. Les habitudes nous amènent toujours dans le sommeil de la conscience sociale. Ce type de relation de couple ressemble à cette image: il permet de ronfler à deux au lieu de ronfler chacun dans son coin... Je préfère la spontanéité qui amène le changement, le dynamisme, la joie de vivre, l'enthousiasme. C'est beaucoup plus vivant et satisfaisant!

Nous avons tous souffert dans nos relations amoureuses. Nous nous sommes tous «fait avoir» – enfin, c'est ce que notre mental tente de nous faire croire – et nous avons tous connu au moins un chagrin amoureux. Bref, nous avons tous vécu beaucoup de peine dans nos relations amoureuses. Parfois, ce sont nos attentes qui ont été déçues. À d'autres moments, nous avons eu le sentiment d'être trahis. Mais heureusement, tout a fini par rentrer dans l'ordre.

Sur le plan de l'âme, nous savons ce que nous sommes venus expérimenter auprès de notre conjoint. Nous le savons sur un plan inconscient. Nous pouvons demander à notre âme de nous aider, de nous soutenir, de nous donner sa lumière et son amour pour traverser les difficultés qui surgissent sur notre chemin.

Finalement, nous pouvons demander à notre âme de lâcher prise et de faire confiance avec, au cœur, un merveilleux abandon face à notre relation. Elle le fera assurément.

L'ego résiste au changement, car il nous maintient toujours à l'intérieur des limites connues qui nous sécurisent. Dès qu'il est face à l'inconnu, l'ego panique. Il veut être sécurisé, il veut des preuves, car, constamment, il a peur de se faire rouler.

L'ego permet d'exploiter notre potentiel humain. Il est fait de volonté déchaînée. Il est tissé de nos désirs personnels, de notre détermination, de notre acharnement. L'âme, elle, nous permet d'exploiter notre merveilleux potentiel divin, notre potentiel de lumière qui nous mène toujours vers notre plus grand bien.

Dans nos vies, nous n'avons plus d'efforts à fournir. Nous n'avons qu'à être vigilants, attentifs et conscients. Sur le plan spirituel, cet effort n'est pas un effort de la volonté, il n'est pas un effort physique non plus. C'est plutôt un effort d'attention, de vigilance, de «centration». C'est ici le seul effort qui soit exigé.

L'âme nous invite donc à l'abandon, au lâcher-prise et à la conscience. La conscience nous permet de goûter ce qui existe là, maintenant, et d'être vraiment dans l'instant présent. Car l'instant présent est un maintenant éternel. Il n'y a ni passé ni futur pour l'âme, car elle est éternité, en permanence.

L'éternité, c'est l'instant présent, c'est le moment que l'on qualifie d'«ici et maintenant». Un instant qui dure, qui se prolonge, depuis toujours et pour toujours. C'est un instant éternel qui se perpétue depuis toujours et pour l'éternité.

L'ego nous incite à imposer notre volonté, à tout diriger, à réfléchir sans arrêt, sans repos, à batailler, à tenir tête, à vouloir gagner à tout prix, quitte à en devenir malheureux. En fait, l'ego n'aime pas lâcher prise. Notre ego déteste l'abandon parce qu'il s'y sent littéralement mourir.

Seule notre âme peut nous aider à lâcher prise véritablement. Nous pouvons lui demander de nous aider à nous abandonner et à faire taire notre ego qui nous contrôle par la peur, qui nous insécurise profondément en nous laissant toujours entrevoir le pire.

Par définition, l'âme est bonheur, mais même si elle incarne cet état en quasi-permanence, elle peut momentanément se sentir nostalgique. Par exemple, comme elle sait précisément ce qu'elle est venue accomplir sur le plan terrestre, elle possède cette vision d'ensemble que nous, nous n'avons pas. Et lorsqu'elle entrevoit un grand défi que nous nous sommes donné à un certain moment de notre vie – que ce soit la perte d'un être cher, une maladie ou toute autre situation difficile à traverser – l'âme peut vivre des angoisses, généralement des angoisses nocturnes.

Notre âme nous veut heureux, mais nous ne savons pas toujours comment faire pour atteindre le bonheur. C'est pour cette raison que nous devons écouter notre âme, car c'est cette partie de nous qui nous veut heureux et qui peut nous conduire vers encore plus de plénitude.

Notre âme ne nous veut pas peinés; elle ne nous veut pas tristes, elle ne nous veut pas limités ni aux prises avec des situations insolubles. Elle nous veut heureux et pleinement réalisés. L'âme, dans son évolution, cherche à être libre. C'est pour cette raison que seul l'amour inconditionnel peut nous libérer véritablement et nous rendre totalement détachés, et ce, à tous les niveaux de notre vie.

Tant que nous resterons aux prises avec notre mental cloisonné, nous serons limités, nous aurons l'impression de vivre séparés. Nous vivrons encore dans la haine et le ressentiment. Seul l'amour inconditionnel libère véritablement.

Lorsque nous ne sommes pas capables d'aimer quelqu'un, lorsque nous nous sentons impuissants à pardonner à un individu qui nous a fait du mal, c'est à ce moment que nous pouvons demander à notre âme de nous aider à le faire pour nous. Notre âme aime pour nous. Notre âme pardonne pour nous.

Même lorsque nous sommes devant nos pires ennemis, notre âme aime leur âme. Ce sont nos personnalités qui se heurtent, mais, sur un plan plus subtil, il existe un amour plus fort et plus puissant que tout: l'amour inconditionnel. Car nous sommes liés, car nous ne formons qu'un à ce niveau.

Nous pouvons demander à notre âme de faire passer plus de lumière et plus d'amour entre la personne qui nous heurte et nous-même pour nous faire oublier le physique, la personnalité, les défauts de l'autre. Pour l'âme, il n'y a ni bien ni mal. L'âme est au-dessus de cela. Elle est au niveau de l'expérience et ainsi donc, elle apprend de tout, que l'expérience nous semble négative ou positive, qu'elle soit jugée bonne ou mauvaise par notre mental.

L'âme apprend par intégration, mais pour intégrer des leçons de vie, il nous faut vivre des expériences. Tant et aussi longtemps que nous n'aurons qu'une expérience abstraite – livres, conférences, etc., – nous n'aurons pas vraiment tiré de leçons sur le plan de l'âme.

Beaucoup de gens me disent savoir tout ce que j'enseigne. Je leur réponds toujours que moi aussi, je sais tout cela mais que je ne vis pas mes enseignements en permanence. Si je pouvais le faire, je passerais dans une autre dimension, j'aurais acquis une expérience suffisante sur terre et je pourrais passer à autre chose.

Car voilà: l'intégration se fait au fur et à mesure que les expériences se présentent. En ce sens, nous pouvons faire le bilan: voir ce que nous avons intégré et ce qu'il nous reste à intégrer.

Lorsque nous connaissons toujours des difficultés dans un domaine, c'est que cet aspect de notre vie est notre point faible, notre défi à relever durant cette incarnation. Notre âme cherche toujours à nous rendre de plus en plus libres, libérés de toute entrave, libérés de toute limitation.

C'est pour cette raison que nous sommes amenés dans un cul-de-sac qui nous fait littéralement perdre notre latin!

C'est que ce domaine n'est pas intégré et que la leçon que nous devions en tirer n'a pas été assimilée. Le jour où nous arrivons à l'intégrer, nous ne reproduisons plus la même situation, car la leçon est apprise. Nous pouvons alors passer à autre chose.

Il est essentiel de nous rappeler que nous devons remercier notre âme, être pleins de gratitude envers elle car en toute situation, à tout moment, elle nous guide toujours au bon endroit. Nous pouvons lui manifester notre amour et notre reconnaissance, que ce soit en lui parlant ou en lui écrivant.

Si nous pouvons lui parler, nous pouvons aussi être à son écoute pour établir un dialogue, et non pas un monologue. Prendre du temps pour notre âme, c'est une façon concrète d'être pleins de gratitude envers elle. L'âme, c'est la plénitude. Totale et rassurante. L'ego, lui, nous maintient dans la roue des désirs. Lorsque nous le taisons, apparaît l'âme, satisfaite et comblée.

Lorsque nous quitterons le plan terrestre, nous n'irons pas tous au même endroit, car nous n'avons pas tous la même luminosité. C'est notre lumière intérieure qui décidera du plan sur lequel nous nous retrouverons. Nous nous retrouvons toujours avec des gens qui ont le même taux vibratoire que le nôtre, que ce soit sur ce plan-ci ou sur un plan plus subtil. Nous pouvons fréquenter des taux vibratoires plus bas, mais nous ne pouvons jamais aller vers des taux vibratoires plus hauts que le nôtre, car nous n'avons pas la lumière suffisante pour ce faire.

On dit que tout ce qui est en haut est comme ce qui est en bas. Par exemple, tant et aussi longtemps que notre lumière n'est pas suffisante pour expérimenter une relation d'amour harmonieuse, nous ne la vivrons pas. Tant et aussi longtemps que notre taux vibratoire n'est pas suffisamment élevé pour connaître l'abondance, nous ne la connaîtrons pas.

Si nous vivons uniquement en nous reposant sur notre logique, en nous fiant à notre mental, nous laissant dominer par lui, il nous est bien difficile de vivre une relation amoureuse harmonieuse. Il en est de même de l'abondance et de tous les différents aspects de notre vie: c'est notre taux de lumière qui en décide.

Lorsque nous quittons le plan du mental, nous n'avons même plus besoin d'avoir des attentes ou des exigences. En lâchant prise, nous rencontrons celui ou celle qui nous correspond, celui ou celle que nous appelons la «bonne personne» ou encore l'«ami de notre essence».

S'il existe un problème dans notre vie, et ce, dans quelque domaine que ce soit, il en est toujours de notre responsabilité. Nous ne pouvons accuser qui que ce soit ou quoi que ce soit, car nous sommes les créateurs de toutes situations.

Si nous vivons un problème sur le plan des amours, du travail ou de l'argent, il ne sert à rien de perdre notre temps à chercher comment résoudre ce problème sur un plan matériel ou concret. Ce raisonnement appartient au domaine du mental. Il nous faut travailler au niveau de l'âme pour obtenir des résultats et voir ainsi les situations se transformer.

*L'âme veut vivre dans la lumière et l'amour.
Elle veut que nous savourions sa présence, la sensation
de plénitude qui en émane. Elle sait que l'extérieur
s'adapte invariablement à cet état d'être et que,
par conséquent, il n'y a pas d'effort à fournir
dans la matière. C'est plutôt au niveau
de l'être qu'il faut travailler.
Tout simplement.*

Lorsque nous faisons face à quelque défi ou problème que ce soit, nous pouvons demander à notre âme de nous aider à résoudre cette situation, mais nous pouvons aussi agir de la même manière pour les autres. Pour ce faire, nous pouvons procéder ainsi:

Dans un premier temps, nous demandons à notre âme de calmer notre mental, de l'apaiser.

Nous la prions ensuite de soutenir la personne qui vit du chagrin, de la tristesse.

Nous lui suggérons de lui porter de la lumière, de l'amour, du soutien, notre amitié.

Puis, enfin, nous remercions notre âme de soutenir cette personne.

Si nous sommes tous interreliés par l'Esprit, si nous ne formons qu'un, lorsque quelqu'un souffre, nous souffrons aussi. Lorsque nous aidons quelqu'un, au niveau de l'âme, à se dégager de la souffrance, nous haussons le taux vibratoire de tous les individus.

Mahatma Gandhi disait sagement ceci: «Il suffit qu'un seul être humain fasse un pas en avant pour que toute la terre en profite.»

☯☯☯

Nous devons travailler à élever la conscience de la collectivité afin d'aider l'humanité à hausser son taux vibratoire. Pour ce faire, nous ne devons pas travailler sur le plan physique, mais bien sur celui de l'âme. Il existe, en chaque individu, quelque chose qui, intuitivement, cherche cette lumière et qui désire vivre heureux.

☯☯☯

Ainsi, au niveau de l'âme, nous pouvons aider l'humanité et, par le fait même, nous pouvons nous aider nous, personnellement.

Pour notre âme, le temps n'existe pas. Le temps est une illusion. Et tout est relatif. Je me rappelle que lorsque j'étais enfant, j'avais entendu mes parents raconter qu'une femme de quarante ans était morte. Ils trouvaient qu'elle était bien trop jeune pour mourir! Moi, dans ma tête d'enfant, je trouvais qu'elle était assez vieille pour «partir»! Quarante ans, cela me semblait si vieux! Il était temps qu'elle parte, il n'y avait pas de quoi s'attrister outre mesure de cet événement. Étrangement, maintenant que j'ai dépassé la quarantaine, je considère que c'est très jeune...

Le temps n'est qu'une illusion; il n'a aucune importance pour l'âme. La limitation, sous quelque forme que ce soit, n'est pas naturelle pour elle, mais elle peut y être confrontée.

Lorsqu'elle ne sait pas relever un défi, lorsqu'elle craint de ne pas y arriver, l'âme nécessite un soutien plus grand et peut alors communiquer avec d'autres âmes pour venir à sa rescousse et générer encore plus de lumière.

Il n'y a pas d'au-delà et d'ici-bas: ces deux facettes sont parties intégrantes d'un même monde, d'une seule et même réalité. Pour l'âme, il est très facile de passer de «l'autre côté», de traverser ce mur illusoire.

L'au-delà, c'est l'autre côté du mur. Notre perception nous empêche d'accéder à cet autre versant parce qu'il contient plus de lumière et que nous n'avons pas un taux vibratoire nécessaire pour y avoir accès. Cependant, les âmes de l'au-delà, elles, peuvent venir de notre côté parce qu'elles ont la lumière nécessaire pour ce faire.

L'âme, de nature, est libre. Libre de toute entrave et de toute limitation.

Nous vivons de la peine, de la tristesse pour nous éviter de refaire les mêmes erreurs, de retomber dans les mêmes pièges. Notre tendance à nous culpabiliser lorsque nous vivons ces émotions est bien superflue.

Dans certaines situations, nous pouvons avoir du regret d'avoir été nous-mêmes, d'avoir été ce que nous sommes: naturels, vrais, authentiques. Et sur le simple plan des apparences, nous pouvons parfois avoir l'air d'être perdants. Mais c'est faux. En aucun cas, nous ne pouvons nous reprocher d'être ce que nous sommes.

Nous devons apprendre à nous aimer tels que nous sommes, avec nos forces et nos faiblessses. Et si un individu ne nous aime pas «tels quels», c'est qu'il n'est pas digne de nous, qu'il ne nous mérite pas, tout simplement.

Restons fiers de ce que nous sommes, et si nous ne nous sentons pas appréciés à notre juste valeur, ne nous sentons pas coupables pour autant. Chacun a le droit d'être ce qu'il est. De toute façon, pour l'âme, il n'y a jamais de rancune. La rancune peut exister au niveau du mental, mais jamais au niveau de l'âme car elle n'a pas d'ego.

L'âme ne juge ni ne discrimine: elle expérimente.
La vie n'est pour elle qu'un bel apprentissage.
Apprentissage est composé de deux mots:
apprenti et sage. Un sens à méditer...

Notre âme est une entité. La différence entre une entité et une âme réside en ceci: une âme est incarnée sur le plan physique, dans un corps physique. Lorsqu'elle quitte le plan terrestre, elle est alors une entité. Une entité est donc une âme désincarnée.

Pour que l'âme puisse s'exprimer, elle nécessite un corps physique. Plus notre corps physique est en forme, plus le contact avec notre âme se fera facilement. Si le corps physique est malade, souffrant, la communication pourra être plus difficile à effectuer.

Nous pourrions cesser toute lecture, toute formation, tout cours si nous le désirions, car, en fait, la connaissance est à l'intérieur de nous. Si nous prenions l'habitude de développer ce contact privilégié avec notre âme, nous aurions moins besoin de lire et de suivre des cours de toutes sortes.

Personnellement, j'ai besoin de lire. C'est quelque chose d'essentiel à ma vie. Je ne suis pas attachée aux biens de la terre, mais mes livres – et Dieu sait combien j'en possède! – représentent ma dernière attache. Mes livres sont sacrés.

Mais voilà: j'ai appris un jour que nous pourrions tout perdre, y compris nos livres, et cela ne nous empêcherait pas d'apprendre et d'évoluer. Nous pourrions lire quand même au niveau de notre âme, sur le plan astral.

Notre âme est toujours en mesure d'aller chercher les connaissances dont elle a besoin. Elle est toujours apte à puiser, sur un autre plan, toutes les informations qui lui sont nécessaires. C'est pendant le sommeil qu'elle y parvient. Et puisqu'elle a toujours accès à toutes ces connaissances, elle est en mesure de nous enseigner tout ce dont nous avons besoin d'apprendre.

Deuxième partie

LE SENS DE LA RESPONSABILITÉ

CHAPITRE 4

Les problèmes sont des messages

La leçon la plus importante que l'Homme puisse apprendre dans sa vie n'est pas que la douleur existe dans le monde, mais qu'il dépend de nous d'en tirer profit, qu'il nous est possible de la transformer en joie.

Rabindranath Tagore

Les rêves sont l'expression, le langage de notre âme. Pour cette raison, les cauchemars sont généralement bons, car ils sont, pour notre âme, une façon d'expulser, de se débarrasser d'images provenant de nos vies antérieures. Ainsi, les cauchemars sont une façon saine et naturelle d'épurer des blocages de toutes sortes. En fait, nous sommes tous les personnages de nos rêves, car tous les protagonistes illustrent différents aspects de nous-mêmes.

La meilleure façon d'interpréter un rêve, c'est de demander à notre âme de nous aider à comprendre son message. Nous pouvons lui demander ce qu'elle a voulu nous faire savoir à travers ce rêve.

Certains symboles peuvent parfois nous permettre de comprendre, de capter les messages de notre âme. Notre âme nous parle par symboles et le fait de les saisir peut nous aider à capter le message qui nous est livré à travers eux. Donc, le rêve est une façon qu'utilise notre âme pour communiquer avec nous, pour nous livrer des informations ou pour liquider certains blocages.

Il est possible de discuter d'âme à âme, de régler des différends à un autre niveau que sur le plan matériel. En apprenant à le faire, nous pouvons ainsi éviter bien des erreurs. Si, par exemple, nous voulons demander une augmentation de salaire à notre patron, nous faisons généralement les choses de manière traditionnelle, c'est-à-dire que nous nous préparons longuement mentalement à effectuer notre demande... Mais malheureusement, si le scénario nous convient au moment où nous le répétons, il ne se produit pas nécessairement lors de la rencontre fatidique!

Nous pouvons agir en nous faisant confiance davantage. Ainsi, nous pouvons ne rien préparer et dire les vraies bonnes choses au bon moment. Comment est-ce possible? Si nous communiquons avec l'âme de notre patron avant de le rencontrer physiquement, nous pouvons être rassurés sur la démarche à entreprendre. Nous pouvons demander à notre âme de prendre en charge l'entrevue, l'entretien et nous sentir dès lors «intuitionnés» et divinement inspirés. Nous saurons effectivement quoi dire et comment le dire.

Il existe deux façons de vivre un événement difficile, douloureux: pleurer sans cesse toutes les larmes de notre corps... ou aller de l'avant. Les entités nous rappellent que, de toute façon, comme il nous faudra éventuellement aller de l'avant à nouveau – que ce soit dans un an ou deux, ou plus encore – il est inutile de pleurer. Pourquoi perdre du temps?

Lorsque nous nous tournons vers les larmes, nous retardons énormément l'intégration de l'événement. Il nous faut apprendre à accepter ce qui nous arrive, à approuver ce qui est, sans tenter d'y changer quoi que ce soit.

Viendra un temps où nous ne ferons qu'un avec notre âme, et ce sera alors notre dernière vie. C'est ce que nous appelons la fusion. Lorsque nous faisons l'expérience de ne plus former qu'un avec le corps physique et l'âme, nous atteignons alors cette étape.

Au moment de la fusion, nous considérons que le corps est aussi important que l'âme. Le corps physique n'est pas à négliger. Certaines personnes qui entreprennent une démarche au niveau de l'âme mettent le corps en veilleuse. Nous ne sommes pas qu'un corps, c'est vrai, mais nous ne sommes pas qu'une âme non plus: ces deux aspects doivent travailler de concert.

Nous avons choisi de nous incarner, nous avons choisi notre corps, notre véhicule sur terre, notre milieu familial, nos relations. C'est ce que notre âme a choisi pour relever des défis sur le plan terrestre. Si nous négligeons notre corps, nous serons obligés de revenir pour apprivoiser aussi cet aspect de la vie.

Ne sous-estimons jamais la force de notre âme.
Plus nous l'utiliserons consciemment,
plus elle travaillera pour nous. Plus nous nous
en servirons, plus elle sera à notre service
pour nous aider davantage.

Plus notre âme travaille pour nous, plus nous voulons la sentir dans chaque détail du quotidien et c'est ainsi que nous établissons un contact de plus en plus étroit avec elle. Plus nous ressentons ce contact, plus nous nous sentons rassurés, et plus facilement nous nous abandonnons à notre âme.

Nous pouvons demander à notre âme de nous faire sentir sa présence. Elle a une façon spéciale, unique, de nous la faire sentir. Une fois que nous avons éprouvé cette sensation, nous ne voulons plus jamais perdre ce contact. Nous sortons alors du monde extérieur, des apparences, des illusions. Lorsque nous apprenons à aller chercher à l'intérieur tout ce dont nous avons besoin, nous pouvons manifester ce que nous désirons, à l'extérieur. Mais ce sera par surcroît, car tout se réalise d'abord de l'intérieur.

Il nous faut élever notre taux vibratoire pour vivre des situations différentes. Élever notre lumière, c'est devenir plus conscients, c'est augmenter notre taux vibratoire pour atteindre une vibration où il y a encore plus d'amour, de bonheur et d'harmonie.

L'âme est une énergie venue s'exprimer dans la matière, jouir d'une forme. L'âme est un principe de vie. Elle est en chacun de nous et nous pouvons l'utiliser, lui demander ce que nous désirons. Nous pouvons lui faire confiance.

L'ère du Verseau est l'ère de l'âme. On dit que, pendant cette période, il n'y aura plus qu'une seule religion. On dit même que la plupart d'entre nous verrons cela de notre vivant. On dit aussi que pendant cette période, nous vivrons une forme d'amour que nous n'avions jamais expérimentée auparavant. Cela risque de prendre un peu plus de temps, cependant. Mais ce jour viendra, assurément.

On prétend de même que nous verrons alors l'arrivée de nouveaux appareils domestiques qui seront très performants, mais qui ne nous nuiront plus comme le four à micro-ondes et l'ordinateur; par leurs rayons nocifs pour la santé, ces derniers dépriment notre système immunitaire. Nous aurons donc de nouveaux instruments qui seront conçus à partir de l'âme et en harmonie avec elle, et non pas à partir de notre intelligence limitée.

J'ai pris l'habitude d'écrire à mon âme le matin. Je lui adresse, chaque jour en commençant ma journée, une phrase qui m'a été inspirée. Je vous la livre ici; puisse-t-elle vous être utile. « Mon âme, aide-moi à créer harmonie, guérison et beauté dans ma vie. »

Établir une communication avec notre âme s'effectue de différentes façons. Nous pouvons lui parler, lui écrire mais, surtout, l'écouter.

Les animaux ont une âme, mais à moindre intensité lumineuse que nous, les humains. Par le fait même, nous pouvons donc communiquer d'âme à âme avec eux.

J'ai suivi un jour une session durant laquelle nous abordions le sujet de l'incarnation de l'âme. Voici ce qu'on en disait: Si nous observons notre vie uniquement sous l'aspect matériel, nous finissons tous par nous interroger sur notre raison d'être dans le monde, sur notre existence, sur son but, sur le pourquoi et le comment de ses réalités. Et tout cela n'a pas vraiment beaucoup de sens.

Nous devons être conscients de notre incarnation. Nous ne pouvons être conscients de notre mort si nous ne sommes pas conscients de notre vie. Nous évoquons parfois le sommeil éternel. Ce dernier ne débute pas dans l'«au-delà», car certains ronflent en permanence sur cette planète! Et à leur mort, ils iront tout simplement poursuivre leur sommeil un peu plus loin!

Nous pouvons essayer de comprendre notre histoire à travers les événements et les difficultés de notre vie. Il y a sûrement un message essentiel dans chaque défi que nous rencontrons.

S'il y a une difficulté dans notre existence, nous pouvons tenter de comprendre le message qui s'y dissimule: il nous enseignera assurément beaucoup sur le but de notre incarnation. À nous de le capter. Nous nous sommes fixé des défis, par l'entremise de notre âme. Ces défis recèlent de grandes leçons. Nous devons y faire face et les comprendre.

Si nous savons nous tourner vers notre âme, nous saurons relever tous les défis, quels qu'ils soient, avec brio, avec facilité et avec confiance. Si, par contre, nous nous tournons vers notre mental pour résoudre les problèmes qui sillonnent notre parcours, nous vivrons le tourment, la douleur, la tristesse. Bien sûr, nous finirons quand même par nous en sortir... mais ce sera plus long et beaucoup plus douloureux!

Chacun de nous est en droit de se poser d'ultimes questions: que suis-je venu vivre ici? que suis-je venu apprendre? quel est donc le sentiment mis en valeur tout au long de cette incarnation?

Nous pouvons, en observant ce que nous avons vécu jusqu'à ce jour, en effectuant un survol de notre vie, en arriver à une conclusion sur le sentiment mis en valeur tout au long de notre vie.

Certains ont dû faire face à l'abandon, d'autres ont été obligés d'expérimenter malgré eux le lâcher-prise. Il y a toujours un sentiment majeur tout au long de notre vie. Lorsque nous comprenons cela, c'est comme si nous trouvions la clé pour ouvrir la porte de notre âme, comme si nous avions la possibilité de résoudre le défi que nous nous sommes donné dans cette vie.

Nous pouvons très bien choisir de ne pas nous occuper de ce sentiment qui nous suit et nous poursuit constamment. Mais c'est pour cette raison que nous nous sommes incarnés. Il vaut donc la peine que nous nous y attardions.

Lorsque l'homme a compris quelque chose au niveau de l'émotion, qu'il a intégré ce qu'il avait à apprendre, il peut passer à autre chose. La leçon est comprise, assimilée.

L'abandon, par exemple, sert à comprendre que nous ne sommes jamais abandonnés que par nous-mêmes. Nous savons que nous ne serons jamais abandonnés par notre âme. Le seul abandon qui soit est l'abandon extérieur, éphémère, temporaire. Nous ne sommes jamais vraiment rejetés ou abandonnés.

Le seul abandon que nous pouvons connaître, c'est de perdre le contact avec notre âme. Et ça, c'est un abandon important. Une fois qu'elle quitte le plan terrestre, l'âme repart avec son bagage de connaissances acquises, mais elle repart aussi avec ce qu'elle n'a pas réussi à dépasser.

Si nous quittons le plan terrestre sans avoir rien compris à l'amour humain et que nous souffrons toujours du départ de quelqu'un, nous revenons expérimenter la même souffrance jusqu'à ce que nous la comprenions et que nous la dépassions.

Sur le plan de l'âme cependant, une fois que nous savons quelque chose, nous le savons pour toujours. Cela devient de l'acquis. Mais évidemment, sur le plan terrestre, nous ne venons pas tous travailler les mêmes choses au même moment.

Le but de notre existence n'est pas d'exercer une profession, d'avoir un pouvoir quelconque, d'obtenir des réalisations matérielles. Notre destinée n'est pas faite de ces choses superficielles; elle concerne l'apprentissage que nous devons effectuer sur le plan de l'âme.

Ainsi, nous avons la vie que nous méritons. Dans notre prochaine incarnation, ce que nous vivrons sera une conséquence de ce que nous faisons actuellement ou de ce que nous oublions de faire maintenant.

De la même manière, ce que nous vivons actuellement est la conséquence directe de ce que nous avons vécu par le passé. De nos manques d'amour, mais aussi de nos élans de générosité.

L'âme est éternelle. Chacune des incarnations que nous traversons nous permet d'épurer un karma. Mais pour ce faire, nous devons le reconnaître et plonger en nous-mêmes pour trouver la lumière et comprendre notre essence. Arrive un jour où, devant un cul-de-sac, nous n'avons d'autres choix que de découvrir ce qui est en nous. Vient un jour où nous nous questionnons sur le sens de notre existence, car nous ne pouvons faire autrement.

Notre corps physique n'est pas le but de notre incarnation, cela nous apparaît évident. Il ne résiste pas au temps. Il doit bien y avoir quelque chose d'autre que nous sommes venus expérimenter. Et c'est cette chose que nous devons découvrir.

Toute la connaissance, la sagesse et l'amour sont en nous. Certaines âmes sont plus éveillées, plus évoluées. Un jour, nous redécouvrons ce qui est en nous, d'où nous venons et nous prenons conscience que nous sommes en Dieu, comme tous les autres êtres humains qui vivent sur cette planète, et que nous formons un tout.

Nous nous incarnons pour comprendre que nous sommes une âme, vivant de l'amour divin et pour réaliser cet amour dans la pleine conscience.

Nous sommes à la fois notre propre problème et notre propre solution. Tout dépend de nous. Notre présente incarnation n'est que le dernier maillon d'une chaîne qui nous permet de connaître les expériences nécessaires à notre épanouissement.

Notre incarnation présente est la conséquence des incarnations antérieures et elle conditionne celle qui est à venir. Nous vivons pour nous permettre de nous libérer, pour prendre conscience de nos erreurs et pour agir avec de plus en plus d'amour.

Il est préférable de toujours nous référer à notre véritable identité, c'est-à-dire à notre nature spirituelle. Nous devons nous rappeler qui nous sommes vraiment: des êtres éternels, d'essence divine. Cette façon de voir les choses nous permet de dédramatiser toutes les situations. Notre douleur, si grande soit-elle aujourd'hui, n'a pas une si grande importance dans l'éternité, lorsqu'on y songe...

Chaque incarnation accroît notre éveil et diminue notre ignorance. Nous transmutons ce qui est négatif. Mais ce négatif agit selon le principe du fumier: il nous sert merveilleusement bien car il est le meilleur engrais qui soit. Notre âme, avant de s'incarner sur le plan terrestre, programme tous les éléments de sa prochaine incarnation, ne perdant jamais de vue le but ultime de tout ce périple.

Cette incarnation présente a peu d'importance pour l'âme, car cette dernière retient l'ensemble des émotions qui ont été intégrées et elle note celles qui ne l'ont pas été. Débarrassée de l'ego, elle est en mesure de dresser un bilan objectif de sa vie passée et d'établir des conditions propres à un nouveau degré d'éveil.

Lorsque nous quittons le plan terrestre, l'âme préserve, perpétue ce qui appartient au domaine des émotions. Dans son bilan, elle retient surtout ce qu'elle a dépassé, ce qu'elle a bien vécu et transcendé, mais aussi ce qu'elle n'a pas réussi à intégrer.

Dans le cycle des incarnations, nous reprenons toujours là où nous avons laissé. C'est pour cette raison que nous avons la vie que nous méritons: nous reprenons toujours là où nous en étions rendus au niveau de l'âme dans une vie précédente, tout simplement.

L'évolution se fait toujours lorsque nous revenons sur le plan terrestre. Ce n'est pas entre deux vies que l'âme évolue alors qu'elle retourne chez elle, qu'elle est au repos, mais plutôt sur le plan terrestre.

Souvent, inconsciemment, nous avons la nostalgie de l'au-delà. Nous sentons le vide et nous voudrions nous souvenir, nous rappeler nos passages dans l'autre dimension. Dans cette quatrième dimension, l'âme manifeste une vibration différente de la troisième. Elle sait ce qu'est la manifestation instantanée.

Dans l'au-delà, dès que l'âme désire quelque chose, elle en fait l'expérience, alors qu'ici, sur le plan terrestre, elle vient expérimenter la conception espace-temps. Et c'est une véritable souffrance pour elle. En vérité, pour l'âme, il n'y a qu'un éternel maintenant. L'âme ne connaît ni le futur ni le passé: elle vit ancrée dans le moment présent. Elle doit donc, en s'incarnant, apprivoiser l'espace-temps.

L'âme sait toujours choisir ce qui lui convient. Faisons confiance à notre âme. Elle sait discerner ce qui lui est favorable, et ce, en toutes choses.

Toute expérience est nécessaire, tout événement a un sens. Pour ces raisons, nous ne devrions pas souffrir autant lorsqu'une situation nous semble particulièrement douloureuse. Nous devons faire confiance et nous en remettre à notre âme; elle nous a guidés vers cette situation qui nous permet d'apprendre et de grandir.

De chaque expérience, nous ressortons grandis, raffermis, émerveillés. Comme l'âme sait ce qu'elle fait, comme elle connaît le but poursuivi, ne lui compliquons pas la tâche, ne nous opposons pas à son travail. Nous devons accepter ses choix, la direction que prend notre vie, et ce, avec abandon et confiance.

Ne fuyons pas nos responsabilités,
ne fuyons pas nos épreuves car elles sont, en fait,
des outils inestimables pour notre âme.
Apprenons à utiliser les instruments
que la vie nous offre. Soyons prudents dans
nos réactions, ménageons nos jugements.
Après tout, nous vivons ici-bas l'existence
que nous avons choisi de vivre.

Laissons s'épanouir les acquis que nous ramenons de différentes vies. Vivons avec joie. La joie est une énergie positive qui conduit à la sérénité. Vivons dans la paix, la paix profonde du cœur. La joie, le bonheur, la paix sont des buts qu'il nous faut atteindre. Pour ce faire, nous pouvons demander à notre âme de nous aider à éprouver ces sentiments.

Nous n'en aurons fini avec notre personnalité terrestre que le jour où nous aurons compris le sens de notre incarnation. Et c'est à ce moment que nous saurons rayonner pleinement l'amour divin qui est en nous.

Nous commettons souvent l'erreur de considérer les épreuves comme des injustices, des obstacles, des fatalités. Pourtant, elles servent à déclencher une prise de conscience qui mène forcément à une nouvelle compréhension des choses.

Même lorsque les épreuves nous semblent insurmontables, nous devons rester convaincus que notre âme saura trouver la force et le courage de les dépasser, car nous savons qu'elle les a forgées à sa mesure. Dans ce cas, pourquoi nous inquiéter?

Lorsque nous prendrons conscience de notre lumière intérieure, de cet amour sans fin qui nous habite, plus jamais il n'y aura de tracas, de difficultés, de maladies dans notre vie. Car voilà, toutes ces difficultés sont en fait des épurations. Nos incarnations sur le plan terrestre servent à épurer nos karmas, à assimiler et à liquider nos dettes karmiques, à explorer des sentiments.

Pour comprendre le sens d'une incarnation, il faut avoir le courage de chercher à comprendre ce que nous sommes venus faire ici-bas. Nous n'avons pas été placés ici par un pur caprice du hasard. Nous avons choisi de nous incarner ici, à ce moment précis de l'humanité, pour évoluer. À nous d'en assumer la pleine, totale, complète responsabilité.

CHAPITRE 5

Devenir responsables de notre incarnation

L'homme est l'auteur de ses propres conditions de vie.
Carlyle

Le hasard n'existe pas. Nous avons choisi notre père, notre mère et, par conséquent, nous avons choisi l'éducation qu'ils allaient nous donner. Il ne sert à rien d'en vouloir à nos parents d'avoir été ce qu'ils ont été, car nous les avons choisis, en pleine connaissance de cause. En fait, ils n'ont été que des instruments. Mais quels merveilleux instruments!

Nous avons la vie que nous méritons, telle que nous l'avons souhaitée. La responsabilité de notre existence n'est pas à attribuer à quiconque sinon à nous-mêmes.

Chacun doit apprendre à devenir responsable de son incarnation. La responsabilité n'a rien à voir avec la culpabilité. Lorsque nous sommes responsables, nous reconnaissons avoir fait des choix en toute connaissance de cause, nous reconnaissons avoir généré ce qui est dans notre vie et nous l'assumons pleinement.

Nous savons que le hasard n'existe pas. Ainsi, tout ce qui nous arrive a d'abord été choisi par nous. Nous avons attiré dans nos vies toutes les expériences vécues. Nous devons devenir de plus en plus responsables de nos pensées et de nos actes pour ne plus attirer n'importe qui ou n'importe quoi sur notre route, au cours de notre incarnation.

Sachant que tout ce que nous pensons et faisons génère des résultats selon la loi de cause à effet, nous devons être vigilants pour semer les meilleures choses qui soient, et ce, en permanence. Car nul n'y échappe: c'est notre taux vibratoire et notre niveau de conscience qui déterminent nos expériences.

Parfois, le fait de connaître certains événements importants de nos vies antérieures peut nous aider à expliquer des comportements de vie actuels ou à dénouer des nœuds karmiques. Cette démarche est personnelle; certains ressentiront le besoin de savoir, d'autres pas.

Notre incarnation présente est l'atelier merveilleux de création de l'être divin en nous. Rien ne pourrait s'accomplir sans lui. Il reste notre seule voie de délivrance. Notre âme nous livre à la matière, à l'ego, au karma, mais elle nous en délivre tout aussi bien.

L'ego apparaît malin, insidieux, habile, rusé. Il est dangereux, indocile, tenace si nous le laissons faire, si nous le méconnaissons et si nous acceptons qu'il prenne le contrôle de notre existence. Il est nécessaire d'exercer une vigilance extrême à son égard afin de le maintenir sous notre contrôle et non pas l'inverse.

Mais l'ego n'est pas négatif en soi, il peut devenir un magnifique serviteur. Dès que nous l'invitons à découvrir d'autres notions que les siennes qui sont limitées et teintées par la peur, il peut se sentir en confiance et pourra même éventuellement devenir très doué lorsque viendra le temps de s'abandonner et de faire confiance.

Il faut entraîner notre ego à se tourner vers notre âme. Nous n'avons pas à le brusquer ni à le brimer, nous devons tout simplement l'inviter à faire confiance à notre âme qui nous apporte tant de connaissances et de lumière infinie. Il faut prendre le temps d'expliquer tout cela à notre ego afin de ne pas l'insécuriser.

Si nous incitons notre ego à réagir avec confiance, il prendra l'habitude de se laisser guider par notre âme, qu'il avait pourtant l'habitude d'éclipser puisque nous en avions fait le maître.

L'ego a son utilité, mais c'est l'âme qui doit être aux commandes de notre vie. Nous avons pris l'habitude de vivre dans notre tête. Nous devons maintenant apprendre à vivre au niveau du cœur afin de quitter le monde rationnel pour sonder le monde merveilleux de l'intuition.

Nous avons beaucoup valorisé l'intelligence humaine. Mais voilà: entre le génie et la folie, la ligne est parfois bien mince...

L'intelligence peut nuire souvent. Je ne prétends pas que l'intelligence et les connaissances soient mauvaises en soi, bien au contraire! Mais la personne intelligente qui vit uniquement au niveau de l'intellect ne ressent à peu près jamais le besoin de se laisser guider par son intuition. Elle se tourne donc difficilement vers son âme.

L'intelligence est très valorisée dans le monde des affaires, alors que l'intuition l'est très peu. Mais du point de vue de l'âme, l'intelligence peut être un obstacle si cette dernière verse constamment dans l'analyse et la rationalité.

Les épreuves et les difficultés sont des moyens choisis par notre âme pour nous faire découvrir la force qui réside en nous. Nous laisser submerger par la difficulté, par le négatif satisfait notre ego. Dans ces moments-là, lorsque nous devons mettre en application ce que nous avons appris sur le plan de l'âme, nous pouvons croire que toutes ces notions se sont envolées! Nous avons oublié! Et nous donnons foi aux apparences, encore une fois.

Une personne nous a quittés? Notre souffrance vient du fait que nous nous laissons éblouir par les apparences et non par la réalité sous-jacente. Une personne que nous aimions est morte? Nous pleurons en prétendant que plus jamais nous ne la reverrons alors que nous savons pertinemment bien que cela est faux. Nous recevons le diagnostic d'une maladie incurable? Nous croyons alors que nous ne pourrons jamais nous en sortir et nous en oublions notre potentiel de guérison. Dans toutes ces situations, ce sont les apparences qui nous mènent, qui nous aveuglent.

Notre âme est divine, elle est notre soleil. Rétablissons notre vérité. Rappelons que le corps est un instrument magnifique, soumis à l'âme. C'est une enveloppe pour notre âme et notre âme est une enveloppe pour l'Esprit.

Nous devons nous exercer à voir par les yeux de l'âme et non par ceux de l'ego. Par définition, l'ego ne peut s'intéresser qu'au domaine limité de l'être qui voile l'âme.

Le problème ne vient jamais de l'extérieur de nous. Tout ce qui vient de l'ego n'est pas vérité. L'ère du Verseau est l'ère de l'âme. C'est nous qui voyons le mal, qui pensons au mal dans la loi karmique alors que rien n'est fait pour nous nuire. Toute expérience nous apporte l'amour et en ce sens, la loi karmique n'y échappe pas.

◐◐◐

*La connaissance de la loi karmique est indispensable
à la compréhension de notre vie.
On applique la loi du karma,
loi d'équité et loi d'amour,
en respectant chaque être à sa mesure.*

Nous devons toujours considérer les choses du point de vue de l'évolution de l'âme. Le karma est un outil d'enseignement et de libération de cette dernière.

Si quelqu'un assassine, il ne sera pas nécessairement assassiné à son tour dans cette vie ou dans une autre à venir, mais il pourra ressentir et comprendre, sans en connaître consciemment l'origine, la douleur et la souffrance qu'il aura causées jadis.

Le karma est toujours positif, car c'est une possibilité offerte de régler une dette, de se libérer de l'erreur, de l'ignorance et cela nous permet d'avancer encore plus vers la lumière. Nous n'avons donc pas à le craindre.

◐◐◐

Lorsque l'homme a compris quelque chose au niveau de l'émotion, qu'il a intégré ce qu'il avait à apprendre, qu'il a appris sa leçon, il peut finalement passer à autre chose.

Si nous quittons le plan terrestre sans avoir rien compris à l'amour humain et que nous souffrons toujours du départ de quelqu'un, nous revenons expérimenter la même souffrance jusqu'à ce que nous la comprenions et que nous la dépassions. Heureusement, lorsque la leçon est apprise, elle l'est à tout jamais.

Un jour, dans un atelier, on m'a enseigné les lois cosmiques qui suivent. Elles sont au nombre de douze. Mettez ces lois en application, gardez-les à portée de main et demandez à votre âme de vous aider à les saisir.

LES DOUZE LOIS COSMIQUES À CONNAÎTRE, À MÉDITER ET À UTILISER

1. Par la pensée, tout est possible.
2. Ne jamais remettre au lendemain.
3. Ce qui est fait n'est plus à faire.
4. Ce qui est en bas est comme ce qui est en haut.
5. Ce qui est accompli en bas l'est aussi en haut.
6. Tout a une conséquence sur un autre plan.
7. La réponse se trouve dans la question.
8. La solution se trouve dans le problème.
9. Ce qui est compris doit être appliqué.
10. Ce qui a été reçu doit être redonné.
11. On récolte toujours ce que l'on a semé.
12. Aimer l'autre, c'est aimer Dieu... car telle est la Loi.

CHAPITRE 6

Apprendre à s'aimer

Ce qu'il y a devant nous et ce que nous laissons derrière, cela est peu de chose comparativement à ce qui est en nous. Et lorsque nous amenons dans le monde ce qui dormait en nous, des miracles se produisent.

Henry David Thoreau

Le bonheur n'est pas une priorité dans la vie de la majorité des gens. D'ailleurs, notre éducation ne nous a pas incités à chercher notre bonheur dans les mille et un détails de la vie. Le taux de suicide qui prévaut actuellement au Québec en témoigne avec beaucoup d'éloquence...

Nous avons été éduqués avec de drôles de préceptes. On nous a enseigné à nous oublier au profit des autres, à passer en deuxième et à favoriser les autres à notre détriment. Toujours.

Dans l'éducation que nous avons reçue, on nous a enseigné que le fait de s'occuper de nous était tout à fait égoïste et répréhensible. Et ce type d'égoïsme a toujours été fort mal perçu...

Pourtant, prendre soin de soi s'avère être de la pure générosité envers soi-même. Et lorsque nous comprenons que nous ne pouvons donner aux autres ce que nous ne savons donner à nous-mêmes, nous pouvons dès lors prendre soin de nous sans culpabilité aucune.

Nous n'avons pas appris à prendre soin de nous, à nous préoccuper de notre personne avec amour et tendresse. Pourtant, c'est la base la plus élémentaire qui soit dans la vie et, en ce sens, on devrait nous l'enseigner dès notre plus jeune âge.

Tout l'amour des autres commence par l'amour de soi. L'amour des autres dépend toujours de l'amour que nous nous portons.

Si je souffre du fait que quelqu'un ne m'aime pas suffisamment, ce n'est pas son manque d'amour qui me fait souffrir, c'est mon manque d'amour envers moi-même, c'est mon manque de générosité envers moi-même qui crée cette peine. Ne sachant pas m'aimer suffisamment, je réclame alors auprès des autres de l'amour. Cela signifie que mon amour pour moi-même est déficient.

Notre manque de sécurité fait que nous cherchons à nous sécuriser auprès des autres. Cet amour devient donc un amour «par besoin» et non pas un amour «par plaisir». La nuance est ici d'une extrême importance...

Lorsque nous apprenons à aimer quelqu'un d'autre par plaisir, tout simplement parce que nous nous sentons comblés, complets, heureux par nous-mêmes, nous saisissons vraiment le sens de l'amour détaché et libre de toute entrave. Et si nous voulons que notre vie soit souffrante sur le plan amoureux, aimons l'autre par besoin. Notre vie deviendra alors un enfer de souffrances, de dépendances et d'attentes frustrées!

En réalité, nous n'avons pas besoin des autres. Lorsque nous prenons vraiment conscience que nous sommes totalement complets, entiers, nous allons librement vers les gens parce que c'est un plaisir pour nous de le faire, et non pas parce que nous attendons d'eux qu'ils comblent nos attentes. De toute façon, ils ne pourront jamais les combler.

Personnellement, je préfère que quelqu'un prétende m'aimer librement, ne pas avoir besoin de moi que de sentir que cette personne se suspend à mes jupes en me disant qu'elle ne peut vivre sans mon amour! Ce type d'amour est malsain mais, pourtant, c'est celui que, dans notre société, nous avons pour la plupart valorisé jusqu'à ce jour.

Nous ne sommes pas portés à aimer les gens qui ne nous laissent pas libres. Lorsque nous nous sentons contraints, redevables, nous avons tendance à nous éloigner.

Au contraire, lorsque nous nous sentons pleinement libres dans une relation, nous ne voulons pas nous éloigner de l'autre parce que nous sentons que nous avons toute latitude et que nous pouvons être nous-mêmes. En fait, nous nous sentons respectés.

Observons la façon dont nous avons été éduqués. Nos parents se manifestaient-ils mutuellement de l'amour? Se manifestaient-ils de la froideur? Étaient-ils amoureux ou restaient-ils au sein de leur relation par devoir? Il est évident que, sur le plan amoureux, nous retenons beaucoup plus ce que nous avons vu que ce que nous avons entendu.

Bien sûr, nous avons tendance à reproduire ce que nous avons vu enfant. Ce que nos parents ont vécu nous a influencés. Il n'en tient cependant qu'à nous de nous défaire de ce que nous avons vécu et accepté comme étant vrai pour trouver nos propres paramètres. Nous pouvons composer un type de relation qui nous convient. Nous pouvons définir nos propres critères de respect, d'amour, de tendresse, etc.

Apprendre à nous aimer est essentiel au cours de l'existence. Nous aimer veut dire croire en nous, nous faire confiance, nous donner la première place, nous privilégier, nous respecter en toutes choses.

Apprendre à nous aimer n'est pas pur égocentrisme ou pur égoïsme. Bien au contraire! Ce que nous nous donnons généreusement rejaillit sur les autres. Lorsque nous nous occupons de notre bien-être et que nous cherchons à être vraiment heureux, nous agissons de même envers les autres et nous sommes alors en mesure de partager notre bonheur avec eux.

Lorsque nous sommes compréhensifs envers nous-mêmes, ouverts, sans jugement, nous pouvons aussi l'être envers les autres, car en toutes choses, tout part de nous-mêmes. Cette vérité est incontournable.

On nous a enseigné que le fait de nous aimer était profondément égoïste. D'ailleurs, les gens réagissent souvent mal en entendant un individu dire qu'il s'aime. On le taxe généralement d'égocentrique, de narcissique, etc. Pourtant, nous sommes dignes de tout l'amour que nous pouvons nous donner. Nous sommes aussi dignes de tout le respect que nous pouvons nous donner.

Jamais nous ne nous présentons devant un psychologue ou un psychiatre pour lui faire part de notre trop-plein d'amour envers nous-mêmes. Jamais nous n'entendons parler d'un individu qui a dû être soigné sur le plan psychologique parce qu'il s'aimait trop. Au contraire, nous consultons généralement parce que nous souffrons d'un manque d'amour envers nous-mêmes.

Le manque d'amour envers nous-mêmes génère une multitude de problèmes. Piètre estime de soi, sentiment de non-mérite, culpabilité, entre autres, sont autant de conséquences de ce manque d'estime de soi.

On nous a appris à nous oublier au profit des autres. Nous nous oublions en amour, nous nous oublions pour nos enfants, nous nous oublions en nous étourdissant dans le travail ou dans tout autre domaine de notre vie. Toutes ces fuites sont en fait des manques d'amour envers nous-mêmes. Et un jour, nous prenons conscience que dans nos multiples fuites, nous sommes passés à côté de notre vie. Mais que nous sommes aussi passés à côté de nous-mêmes...

Nos vieux moules, nos vieux modes de pensée erronés nous culpabilisent et nous font croire que c'est incorrect de penser à soi, que c'est incorrect de s'aimer. Il nous faut faire un effort conscient pour arriver à changer ces modes de pensée.

Apprendre à nous aimer peut s'accomplir au jour le jour, de manière subtile. Évidemment, les choses ne changeront pas nécessairement du jour au lendemain, mais nous pouvons nous donner la chance de changer notre perception de nous-mêmes. Par exemple, nous pouvons acquérir cette excellente habitude que voici. Quotidiennement, nous pouvons prendre le temps de nous sourire dans le miroir, au lever du corps, le matin. Ce simple exercice nous aide à nous aimer inconditionnellement, car il nous permet d'apprendre à nous aimer sans artifice : au moment de la levée du corps, nous sommes décoiffés, sans maquillage, sans artifice.

Si nous prenons l'habitude de nous sourire au réveil, tout au long du jour, nous n'attendrons plus des autres ce sourire que nous nous serons donné. Et nous serons en mesure d'en offrir, sans attente. Acquérons donc l'habitude de nous donner notre premier sourire. Disons-nous que nous nous aimons en nous regardant dans le miroir. C'est l'un des outils de transformation que nous pouvons utiliser, au jour le jour.

Nous pouvons aussi, le soir venu, pratiquer cet exercice : nous féliciter pour cinq choses que nous avons accomplies durant notre journée. Lorsque nous prenons le temps de le faire, nous constatons à quel point notre journée a été remplie de belles et bonnes choses et comme nous pouvons nous en féliciter.

Selon le docteur Deepak Chopra, un auteur à succès qui enseigne l'abondance dans tous les domaines de la vie grâce à la spiritualité, cet exercice est une garantie de prospérité.

Pour développer encore plus l'amour de soi, nous pouvons aussi pratiquer cet autre exercice. Chaque soir, demandons-nous ce que nous avons fait de concret pour nous faire plaisir durant la journée. Cela nous permettra de nous accorder, quotidiennement, une joie qui nous sera totalement réservée, mais aussi de ne pas nous négliger.

Il importe de nous faire plaisir au jour le jour. Il est essentiel de prendre soin de nous, quotidiennement. Parfois, ce sont de petits bonheurs simples, mais ils ont le potentiel de générer beaucoup de joie dans notre vie.

Se faire plaisir quotidiennement, c'est simple et facile. Cela peut être de s'accorder une heure de lecture durant la journée, de prendre le temps d'écouter une belle musique, d'écrire à son âme, de faire un peu de méditation, etc. Qu'importe la manière choisie, le plaisir quotidien est un merveilleux art de vivre.

Lorsque nous commençons à nous faire plaisir, lorsque nous nous exerçons à le faire, il n'y a plus de place pour la critique envers les autres parce qu'ils ne s'occupent pas suffisamment de nous ou parce qu'ils ne nous accordent pas assez d'importance. Apprendre à se faire plaisir quotidiennement, c'est apprendre à ne plus être à la remorque des autres et ne plus laisser notre bonheur dépendre des circonstances extérieures.

Lorsque nous nous solidifions de l'intérieur, nous apprenons à être bien avec nous-mêmes, à être seuls et à assumer cette solitude, à ne plus faire dépendre notre bonheur de qui que ce soit. Nous devenons alors totalement autonomes sur le plan affectif. Que ce soit seuls ou avec les autres, nous sommes alors en mesure d'être bien dans notre peau. La solitude ne nous pèse plus. Pourquoi faudrait-il s'ennuyer seuls? Nous ne sommes pas moins intéressants que quiconque!

Lorsque nous nous aimons, nous comprenons ce que signifie être reliés à notre source intérieure. La source intérieure ne se tarit pas, nous n'avons qu'à rester branchés, à rester noyautés à notre âme pour qu'elle soit en mesure de nous faire connaître la vie à son summum.

Notre âme est une ressource illimitée. Lorsque nous entretenons une relation soutenue avec elle, nous constatons qu'elle nous aime inconditionnellement et qu'elle veut notre plus grand bien. Nous pouvons demander à notre âme de nous manifester son amour. Nous pouvons lui demander de nous prouver son attachement. Et elle le fera toujours, de mille et une manières, toutes plus inattendues les unes que les autres.

Notre âme nous aime d'un amour qu'aucun être humain ne pourra jamais nous exprimer. D'un amour qui n'a rien d'humain mais qui est plutôt de nature divine. Son amour est parfait, total, inconditionnel. Nous n'avons qu'à rester branchés sur sa source pour en ressentir la puissance.

Lorsque nous demeurons branchés sur cette source illimitée qui est tout amour et toute abondance, notre vie devient à l'image et à la ressemblance de nos pensées et de nos vibrations dominantes.

Jésus nous a dit: «Que votre joie soit parfaite.» Il a insisté pour qu'elle soit parfaite, cette joie qui nous habite. Que voulait-il dire ainsi? En fait, pour Lui, le pouvoir et l'argent n'ont jamais été des priorités, mais être heureux en a toujours été une.

Nous pouvons connaître des hauts et des bas tout au long de notre existence, mais notre joie, profonde, véritable, ne peut être atteinte car elle est intouchable, invulnérable. Notre joie est un sentiment qui vient du fait que nous sommes heureux intérieurement. Et cette joie est constante, parfaite, totale puisqu'elle ne dépend d'aucune circonstance extérieure.

Lorsque nous faisons dépendre notre bonheur de nos amours, de notre condition financière, de notre travail, de nos relations ou de tout autre domaine de notre vie, nous nous appuyons sur l'instabilité. Dans ces conditions, dès qu'un événement vient bousculer la source de notre bonheur, ce dernier s'envole aussitôt et nous sommes malheureux.

Si nous permettons à l'amour de nous rendre heureux, nous lui permettons par le fait même de nous rendre malheureux. Si nous permettons à l'argent de nous rendre heureux, nous lui permettons par le fait même de nous rendre malheureux. Si nous permettons à n'importe quelle circonstance extérieure de nous rendre heureux, nous lui permettons par le fait même de nous rendre malheureux.

Si nous ne faisons plus dépendre notre bonheur de l'extérieur, mais que nous le faisons dépendre de l'intérieur, développant ainsi notre fierté personnelle et notre estime de nous-mêmes, notre bonheur ne pourra plus être touché ou altéré de quelque manière que ce soit ou par qui que ce soit.

Nous ne perdons jamais de temps à nous aimer correctement, à penser à nous, à nous donner la première place dans nos vies. Et lorsque nous sommes en mesure de le faire, que de temps nous avons alors pour les autres! Que d'amour nous avons pour les autres lorsque nous ne nous oublions plus!

Le sentiment de culpabilité vient toujours intoxiquer notre vie. Lorsque nous en avons assez de souffrir et que, finalement, nous comprenons que la culpabilité est un sentiment anti-divin, nous pouvons dès lors commencer à changer les choses et à accepter ce que nous avons été, ce que nous sommes et ce que nous serons.

Comme tout est expérience, puisque tout est correct en soi, nous n'avons pas à nous culpabiliser de quoi que ce soit. Chaque événement, chaque situation, chaque personne et chaque contexte a servi et sert notre expérience de vie.

Bien sûr, nous pouvons parfois sembler nous tromper, mais, au-delà des apparences qui nous font croire à l'erreur, nous avons appris, grandi, tiré une leçon. Et c'est ce qui compte véritablement.

Nos erreurs nous instruisent alors que, généralement, la vérité des autres ne nous convient absolument pas. Mieux vaut donc expérimenter par nous-mêmes, commettre des erreurs s'il le faut, mais apprendre, encore et toujours, de nos propres expériences.

Personnellement, je préfère mes erreurs à la vérité des autres. En effet, je préfère nettement expérimenter par moi-même, tenter certaines choses, quitte à en souffrir, que de me servir de l'expérience des autres. Car, de toute façon, ce qui est vrai pour l'un peut être faux pour l'autre, et inversement.

Si nous pouvions en arriver à être indulgents envers nous-mêmes, nous ne porterions plus de gros jugements sur ce que nous vivons et nous n'apposerions plus de grosses étiquettes bêtes et méchantes sur nos expériences de vie.

Même si nous pouvons parfois sembler perdants ou gauches, nous avons appris quelque chose et c'est ce qui compte véritablement. Nous sortons toujours grandis de toute expérience, et enrichis à plusieurs égards. Car rien n'est jamais négatif en soi.

Les limites qui se dressent sur notre passage nous révèlent notre envergure intérieure. Lorsque nous devenons souples à notre égard, compréhensifs, pleins de compassion, nous sommes alors plus en mesure de constater à quel point ces limites nous révèlent notre grandeur intérieure, nos forces vives et latentes.

Et lorsque nous manifestons toutes ces qualités envers nous-mêmes, nous sommes dès lors prêts à les manifester à l'égard des autres. Nous devenons donc souples envers eux, compréhensifs et pleins de compassion. Car quoi que nous en pensions et quoi que nous aient dit nos éducateurs, nous sommes pour les autres ce que nous sommes pour nous-mêmes. Nous offrons aux autres ce que nous sommes aptes à offrir à nous-mêmes.

Nous devons développer de plus en plus d'amour de soi. C'est à cette seule condition que nous apprendrons à toucher de plus en plus ce bonheur qui naît de l'intérieur. Et ce bonheur intérieur, rien ne pourra jamais l'ébranler.

Troisième partie

L'AMOUR DE SOI S'EXPRIME PARTOUT DANS NOTRE VIE

CHAPITRE 7

La santé:
le reflet de notre état de conscience

Le signe de ton ignorance, c'est la profondeur de ta croyance en l'injustice et en la tragédie.

Richard Bach

La santé est un état de conscience. La santé comme la maladie sont toujours révélatrices de notre conscience et de nos pensées, car il ne nous arrive toujours que ce qui nous ressemble sur le plan vibratoire.

Le corps, par lui-même, n'est pas constitué pour développer la maladie. Il est opéré, dirigé par l'esprit qui l'anime. Il est le véhicule de l'âme. Le corps n'a pas le pouvoir de développer la maladie car par lui-même, il n'est pas intelligent. Il sert l'esprit et s'y conforme.

Au moment où le médecin constate le décès, le corps ne peut plus jamais être malade. Pourtant, quelques minutes auparavant, il était encore susceptible de développer des maladies de toutes sortes. Mais dès que l'esprit l'a déserté, nulle maladie n'est plus possible en lui.

Les pensées fausses sont toujours à la base de toutes maladies. Ces pensées fausses sont toujours liées à une identification au corps physique comme étant la seule réalité.

Nous savons très bien que le corps par lui-même n'est pas responsable de son état, puisqu'il est soumis à la pensée. Il est le véhicule par lequel s'expriment les émotions et tous nos déséquilibres émotionnels, qui ont été causés, à l'origine, par des pensées erronées.

Lorsque la maladie surgit, certains individus trouvent la vie injuste et insistent sur leur impuissance: ils n'ont pas voulu de la maladie, affirment-ils, et ils ne sont pas responsables de leur état de santé. Mais voilà: la maladie ne surgit pas du fait qu'on l'a désirée ou non, qu'on l'a méritée ou non, mais bien parce qu'on a ignoré les lois. L'ignorance des lois porte toujours à conséquence. Personne n'est à l'abri de leurs effets.

Notre taux vibratoire et nos pensées entretiennent la santé ou génèrent la maladie. Il n'y a pas de hasard. Il n'y a que des conséquences.

Souvent, lorsqu'un enfant naît malade ou handicapé, on me demande si les parents de cet enfant ont joué un certain rôle pour que se produise cet événement dans leur vie. La réponse est toujours la même: à ce niveau, comme à tous les autres niveaux de la vie, il n'y a pas de hasard.

Il n'y a cependant pas de quoi culpabiliser les parents; ils ne doivent pas prendre plus que la responsabilité qui leur revient, c'est-à-dire celle d'avoir attiré cet enfant dans leur vie. En fait, parents et enfant ont tous préalablement été d'accord pour vivre ensemble cette expérience.

Nous ne pouvons accuser personne de quoi que ce soit, car nous sommes responsables à part entière de tout ce qui nous arrive dans la vie. Cette vérité est valable pour les adultes, mais elle l'est aussi pour les enfants.

Les adultes ont souvent de la difficulté à admettre que des enfants soient malades, qu'ils soient battus, qu'ils soient maltraités par leurs parents ou qu'ils vivent des drames qui nous choquent profondément ou qui nous révoltent.

Mais voilà: nous ne sommes pas qu'un corps physique, nous sommes des êtres infinis qui sommes incarnés sur le plan terrestre parce que nous avons décidé de relever des défis sur le plan de l'âme. Nous avons choisi délibérément de faire l'expérience de toutes ces situations, même celles qui nous semblent les plus difficiles à traverser.

L'expérience que nous faisons à travers notre corps physique est essentielle pour notre âme. Tant et aussi longtemps que nous sommes sur terre, que nous sommes incarnés dans un corps physique, nous devons assumer notre véhicule corporel, qui est un merveilleux instrument, et en tirer des leçons.

Notre premier devoir est d'aimer cette incarnation et de l'expérimenter au maximum, ce qui ne doit pas nous amener à négliger notre âme pour autant. Nous devons assumer intégralement tous les aspects, tous les plans, tous les tableaux de notre existence. Sans rejeter quelque partie que ce soit de notre vie.

Nous sommes toujours responsables de tout ce qui nous arrive, et ce, à part entière: le tueur est responsable de tuer, la victime est responsable de mourir. En matière de santé, il en est de même. Nous sommes responsables de nos expériences, de notre santé et de nos maladies.

Nos vies antérieures sont inscrites dans ce qu'il serait convenu d'appeler ici les anales achachiques. Au moment de nous réincarner, nous consultons ces anales, sûrement avec le concours de guides pour nous suggérer une incarnation précise, et nous nous mettons d'accord sur les défis que nous relèverons au cours de notre prochaine incarnation.

C'est ainsi que nous choisissons le type d'expériences que nous allons relever au cours de notre prochaine incarnation. Nous choisissons un corps, des parents, des situations précises pour nous permettre de relever certains défis sur le plan terrestre.

Nous naissons du fond de notre avenir, nous naissons en vertu des pensées que nous aurons. Nous ne pouvons accuser qui que ce soit de quoi que ce soit, car nous sommes responsables du plan de vie que nous nous sommes donné. Nous n'avons pas été «expédiés» sur le plan terrestre par hasard. Nous avons choisi d'y venir, délibérément.

André Malraux disait en ce sens: «Je suis né pour répondre à un désir que j'avais de moi-même.» Nous naissons à un moment précis parce que c'est le bon moment pour nous de faire l'expérience de la vie terrestre, et nous nous entourons de gens qui correspondent au plan de vie que nous nous sommes donné. Dans le même ordre d'idées, nous répondons au leur.

Lorsque nous sommes devant la maladie, nous faisons souvent référence au système binaire au sein duquel tout est dualité. D'un côté, il y a la santé et de l'autre, la maladie. Ce point de vue fait littéralement partie de nos fausses croyances!

Dans le corps physique, nous pouvons expérimenter les limitations de la maladie ou la pleine santé. Mais dans notre divinité intérieure, dans notre «Je Suis», dans notre âme, nous ne pouvons expérimenter ni la santé ni la maladie, car elles n'existent pas sur ce plan. Au niveau de l'âme, il n'y a qu'unité et perfection en potentiel. La santé et la maladie existent toujours, l'une par rapport à l'autre.

Un enfant qui naît malade n'a pas été programmé dans le sein de sa mère pour devenir malade. Mais tous les deux, mère et enfant, dans une autre dimension, se sont mis d'accord pour vivre cette expérience ensemble sur le plan terrestre.

Tous les deux, mère et enfant, avaient cette expérience à vivre et l'ont choisie, délibérément. Pour l'enfant, le défi est d'aimer le corps qu'il emprunte dans cette incarnation. Pour la mère, le défi peut se situer au niveau de la compassion.

Un parent n'est pas responsable de donner naissance à un enfant malade ou handicapé, car tous les enfants choisissent leur corps, leurs maladies ou leur santé. Ils sont entièrement responsables de leurs choix et ces choix leur appartiennent totalement, car ils sont liés à des défis qu'ils se sont imposés pour le bien de leur évolution.

Pour connaître la guérison, nous devons nous tourner vers un plan plus subtil, nous devons nous élever vers une dimension plus vaste, dimension que j'appelle la conscience en tant que champ de lumière. C'est là que réside la véritable rémission, et non pas dans tout ce qui sert à soulager la souffrance humaine, que ce soit la médecine traditionnelle, les médecines douces, les médicaments ou autres béquilles.

Nous avons en nous, intérieurement, tout ce qu'il faut pour être en santé. Car c'est là que réside notre vérité, notre perfection, notre capacité à tout transformer.

Vivre comme des endormis de la conscience sociale, c'est ne jamais se poser de questions. C'est tenir pour acquis que le corps se détériore, que la maladie est normale. Dans notre société, nous croyons que la maladie est la norme, ce qui est une aberration en soi.

Si nous sommes convaincus que la maladie est normale, laissons nos enfants être malades, laissons-leur leurs maux et ne faisons rien pour les guérir! Ne cherchons pas à les en sortir! Mais voilà, la maladie n'est pas normale. La maladie est une erreur de jugement, une erreur de perception, une aberration sur le plan spirituel.

La Bible nous enseigne que Jésus guérissait les malades. On peut alors imaginer qu'il ne considérait pas comme normal d'être aveugle, de boiter ou d'être infirme. Jésus insistait toujours sur un point: il tentait toujours de faire comprendre aux gens que c'était leur foi qui les avait sauvés, que c'était leur foi qui avait agi. Qu'est-ce que la foi sinon une croyance?

Il est intéressant de constater que lorsque les gens changeaient de croyance, ils étaient sauvés. Il en est de même pour nous. Lorsque nous changeons nos croyances en la maladie, entre autres, nous pouvons expérimenter la guérison.

Si vous pensez que vous êtes faits pour vivre dans un corps mutilé, vous continuerez à vivre avec ce corps. Si, cependant, vous changez vos croyances et commencez à croire que vous pouvez vous guérir, vous pourrez le faire. Il n'en tient qu'à vous.

Jésus répétait à qui voulait l'entendre que ce qu'il faisait, nous pouvions le faire... et plus encore. Il prétendait que nous pouvions faire des choses encore plus merveilleuses que celles qu'il accomplissait! Dans ce cas, qu'attendons-nous pour démontrer notre potentiel divin?

Beaucoup espèrent que le Christ reviendra sur cette terre éventuellement. Ceux qui attendent désespérément n'ont pas compris que nous n'avons pas besoin du retour du Christ sur cette terre, que nous possédons cette même puissance intérieure qui permet de transformer les choses.

Bien sûr, si nous tentons de faire comme le Christ, nous ne réussirons pas nécessairement du premier coup mais si nous n'essayons jamais, nous ne réussirons jamais. Et après tout, c'est la pratique qui nous permet de nous améliorer.

Lorsque nous sommes malades, le corps nous signale que quelque chose ne fonctionne pas au niveau de notre pensée. La partie malade de notre corps est généralement celle que nous avons le moins aimée. C'est donc sa façon bien personnelle de lancer son grand cri. Et ce grand cri est toujours le même: «Aime-moi!» La maladie est une façon de nous dire «Apprends à m'aimer, cesse de me maudire, arrête de me haïr». Le message est toujours le même...

Nous devons utiliser toutes nos cellules en santé et les diriger vers la partie souffrante ou la plus faible de notre corps pour connaître la guérison. Il n'y a pas de hasard. Les gens qui guérissent ont fait preuve d'un très grand désir de vivre. Ceux qui meurent sont ceux qui n'étaient pas prêts à changer leurs croyances, qui n'ont pas cru à leur guérison.

Vivre à l'état animal, c'est ronfler, c'est dormir en permanence, c'est être inconscients. Dès que nous commençons à éveiller notre conscience, dès que nous saisissons que la conscience est comme un champ de lumière, nous comprenons alors que toute expérience sert notre évolution et nous permet de grandir.

Rien n'est jamais fait dans le but de nous faire éprouver du mépris à notre égard. Rien n'est jamais fait non plus dans le but de nous culpabiliser. Bien au contraire!

Nous pouvons remercier notre âme pour toutes ces merveilleuses expériences qui nous apprennent à grandir, à être vastes, à être infinis. Car toute expérience sert à nous démontrer que nous sommes des êtres illimités.

La souffrance est une étroitesse du champ de la conscience. La souffrance est un manque d'intelligence. Nous souffrons toujours parce que nous ne savons pas comment penser.

Dès que nous apprenons à nous décloisonner mentalement, à laisser tomber les vieux moules, les fausses croyances, les préjugés, dès que nous arrivons à vivre comme des être libres et responsables de notre vie à part entière, nous ne souffrons plus.

Tant que nous serons coincés dans nos vieux moules et dans nos jugements, nous serons malheureux. Tant que nous continuerons à voir la vie divisée en deux – ce qui est bien et ce qui est mal, ce qui est bon et ce qui est mauvais, la maladie et la santé – nous serons malheureux.

Lorsque nous commençons à comprendre que notre être infini n'est jamais malade, nous pouvons accepter, au fond de notre cœur, la condition dans laquelle nous nous trouvons. Lorsque nous acceptons de vivre dans un corps en santé, notre corps le devient car il est l'effet et non la cause de ce qui nous arrive.

Corrigeons la pensée et le corps suivra. Notre corps suit toujours nos décisions. Personne n'a encore déclaré être allé faire une promenade à son insu. Une pensée précède toujours l'action corporelle. C'est que le corps ne prend pas de décision sans nous, il est guidé par notre esprit en tout temps et en toutes choses. Nous sommes un tout.

Lorsque le corps nous parle par différents maux, il n'est pas trop tard pour agir... mais il est tard. Et dans ces moments, ce n'est pas notre corps que nous devons laisser parler, c'est nous qui devons parler à notre corps.

Tout commence par la pensée.
Lorsque le corps nous révèle une maladie,
c'est comme si nous apercevions la pointe de l'iceberg
qui nous révèle un plus grand malaise, un problème plus
profond à l'intérieur de nous-mêmes.

Ce que nous pouvons constater sur le plan physique est infime par rapport à la véritable nature du problème. Le corps est le traducteur de notre pensée et de nos émotions. Le corps est le serviteur de notre pensée et de nos émotions.

Ce qui apparaît dans notre corps physique est le résultat de ce que nous pensons. Si notre corps nous révèle une maladie, cela veut dire que nous avons d'abord été malades dans notre pensée et nos émotions. C'est à ce niveau plus subtil que tout se joue, avant même qu'apparaisse la maladie. C'est pour cette raison qu'il importe d'observer nos pensées et d'apprendre à vivre nos émotions, à les exprimer. Ce que nos yeux refusent de pleurer, ce sont nos organes, les muscles de notre corps, nos os qui l'exprimeront éventuellement.

Ce que nous n'osons pas dire avec des mots, nous le dirons éventuellement avec des maux.

Nous avons longtemps cru qu'il ne fallait pas pleurer, qu'il ne fallait pas déranger ni faire de peine. Qu'il nous fallait aimer les autres, ne pas s'imposer, ne pas blesser, etc. Voilà autant de fausses croyances dans lesquelles nous avons été élevés, éduqués.

Je ne blâme pas nos éducateurs, car l'éducation reçue nous ressemblait étrangement... Mais aujourd'hui, nous sommes en mesure de faire des choix. Nous sommes en mesure de prendre des décisions pour notre plus grand bien.

Encore aujourd'hui, les endormis de la conscience posent leur regard sur des gens en continuant de trouver qu'ils font pitié. Ils continuent d'avoir pitié des gens malades et continuent de les plaindre. Les endormis de la conscience continuent de trouver qu'il n'y a pas de justice sur terre. Mais tout cela est faux.

Peut-être sommes-nous prédisposés génétiquement à développer certaines maladies, mais ces mêmes maladies prennent d'abord forme dans nos pensées. Elles doivent être acceptées comme étant vraies par nous d'abord, avant de se manifester. Nous avons toujours le choix. Nous sommes toujours responsables de nos pensées et, par le fait même, de notre état de santé.

*Nous avons tous en nous un être infini qui ne connaît
ni la santé ni la maladie, mais qui connaît la plénitude.
Cet être infini est au-delà du code génétique.
Nous pouvons vivre en santé,
quels que soient nos antécédents, et refuser la maladie.*

Si nous répétons à cœur de jour que la vie est un combat, qu'elle est amère, difficile à traverser, cela donnera le ton à notre existence qui ne sera certes pas un jardin de roses!

Nos paroles nous codent. Nous lamenter, nous plaindre, c'est démissionner face à la vie. Dans un passage de la Bible, on évoque les lamentations de Jérémie. Jérémie était un véritable «braillard à plein temps», si vous me permettez l'expression... et la vie a fini par lui prouver qu'il avait raison.

Nous devons aimer la vie, nous devons aimer vivre et nous exprimer dans la matière. La maladie ne se retrouve jamais chez quelqu'un d'irrésistiblement joyeux. La maladie n'atteint jamais ceux qui aiment la vie profondément et qui sont heureux d'y participer.

Ce ne sont pas les virus qui causent les maladies, mais bien les terrains propices qui les accueillent. Tristesse, mélancolie, chagrin font partie de ces terrains propices. La meilleure thérapie qui soit, c'est le rire.

La maladie débute toujours dans nos pensées. Le corps s'ajuste à notre volonté de vivre ou, inversement, à notre refus de vivre. Que nous en soyons conscients ou non n'a aucune espèce d'importance.

Lorsque nous démontrons la joie de vivre, nous générons encore plus de vie, de joie, de bonheur, d'enthousiasme. Lorsque nous démontrons la résignation, la tristesse et le refus de vivre, la vie nous fuit, littéralement.

Nous ne pouvons juger avec nos yeux de chair. Nous nous demandons souvent pourquoi la maladie s'attaque à une personne en particulier. Et souvent, notre commentaire est celui-ci: «Une si bonne personne!», comme si cela était injuste. Pourtant, la maladie n'a rien à voir avec le fait qu'une personne soit bonne ou non; elle découle simplement des pensées de chacun.

Louise L. Hay, auteure du livre à succès Transformez votre vie, a écrit sur les correspondances psychosomatiques. Ces dernières expliquent clairement le fait qu'il y a déséquilibre émotionnel avant qu'une maladie apparaisse dans le corps.

Par exemple, les cardiaques auraient tous une chose en commun: comme ce problème se situe au niveau du cœur et que cet organe symbolise l'amour, les problèmes cardiaques révéleraient une déficience au niveau de l'amour. Amour envers eux-mêmes, amour envers la vie, amour envers les autres. Une chose est certaine, il existe un manque évident sur ce plan.

Les cardiaques ont généralement des tempéraments bouillants. Les gens qui font des infarctus sont rarement des gens très doux, dociles ou soumis. Ou ils explosent vers l'extérieur, ou ils explosent de l'intérieur.

En médecine psychosomatique, pour comprendre la cause d'une maladie, on observe toujours ce que les gens vivaient avant de devenir malades. On demande quelles étaient leurs pensées et leurs émotions. Souvent, on constate qu'ils ont subi un choc qui les a amenés à démissionner, d'une certaine manière.

Ainsi, les gens aux prises avec des maladies dites incurables avaient généralement renoncé à vivre avant même d'être malades. La maladie, dans leur cas, est une véritable démission. Dans leur langage et leurs pensées, ils ont manifesté cette démission.

Lorsque nous devenons conscients de l'influence de la pensée et de l'émotion, nous devons devenir vigilants face à elles. En fait, elles sont la matière qui nous permet de tisser nos lendemains. Nous pouvons soit les empirer, soit les améliorer. Mais pour ce faire, il n'en tient qu'à nous.

Ce qui domine la pensée finit toujours par se réaliser. La pensée est un aimant qui attire puissamment les gens et les événements à nous. La peur est puissante. Elle aussi agit comme un aimant.

Nous devons comprendre que lorsque nous sommes habités par une grande peur, nous devons dégager la lumière en nous pour ne plus être esclaves de cette peur. Nous devons être souverains, comme nous avons été invités à le devenir.

Dans la Bible, il est dit que nous découvrirons le Royaume de Dieu en nous et que tout le reste nous sera donné par surcroît. Dans ce cas, qu'attendons-nous pour connaître la santé parfaite de même que l'abondance sur tous les plans?

CHAPITRE 8

Nos relations ne sont pas le fruit du hasard

Avant de pouvoir se lier d'amitié avec quelqu'un d'autre, il faut être ami avec soi-même.

Eleanor Roosevelt

Avant même de naître, nous avons pris des décisions conscientes sur notre naissance et sur la vie que nous allions mener. Nous avons voulu cette incarnation-ci, nous avons choisi de nous incarner à cette période précise puisqu'elle servait notre évolution. Cette incarnation tient de notre choix, pleinement conscient.

Bien sûr, pour ce faire, nous avons été aidés et guidés par des êtres de lumière afin de prendre les bonnes décisions. Ces guides nous ont permis de prendre conscience du fait que l'incarnation à venir allait nous permettre de rééquilibrer les énergies, de liquider des karmas avec des êtres qui nous avaient blessés, mais aussi avec des êtres que nous avions blessés.

Cependant, nous avons également choisi d'être bercés et aimés par des gens merveilleux. Le karma n'est pas seulement négatif, il est aussi positif.

Nous devons comprendre la nécessité d'annuler
tout karma dans notre existence actuelle.
Nous devons exercer le pardon afin de ne plus être
liés à des êtres et à des situations que, de toute manière,
nous devrons régler éventuellement.

Nous devons, dans la mesure du possible, régler nos dettes karmiques au fur et à mesure que nous les contractons. Nous devons vivre dans la conscience et exercer le pardon dans le but d'annuler tout karma. N'attendons pas d'être sur notre lit de mort pour comprendre l'importance de cet exercice qui dénoue même les liens les plus tenaces.

Lorsque nous sommes entre deux vies, nous ressentons le besoin de revenir sur le plan terrestre pour poursuivre notre évolution. Avec nos guides de lumière, nous choisissons de travailler certaines choses au cours de notre prochaine incarnation, que ce soit le détachement, l'abondance, la maladie, etc.

Il importe de ne pas perdre de vue que notre âme a voulu et choisi tous les défis qui surgisssent sur son chemin afin d'apprendre, de se développer, de maîtriser des émotions, et ce, jusqu'à ce que l'harmonie s'établisse au-dedans de nous.

Chacun accomplit son plan de vie en vertu de ses pensées. Nous sommes nés de nos pensées et nous naîtrons en vertu des pensées que nous aurons.

Comment expliquer les malheurs des enfants si ce n'est pas le moyen de la réincarnation? Comment expliquer des drames horribles en omettant le principe de la réincarnation? Grâce à elle, tout prend un sens. Il n'y a pas d'injustice ici-bas, il n'y a qu'un juste retour des choses.

Les enfants, qui nous semblent si purs et si doux, sont eux aussi, tout comme nous, la somme de leur passé. Ils n'arrivent donc pas vierges sur le plan terrestre. Bien au contraire! Ils ont un passé, un vécu, des existences derrière eux.

*Nous naissons en vertu des pensées que nous aurons,
nous naissons du fond de notre avenir.
Chaque événement et chaque situation qui se
produisent dans notre vie ont été voulus par notre âme
et sont nécessaires à notre évolution.*

Lorsque nous comprenons la loi du karma, nous arrivons plus facilement à vivre notre incarnation dans la douceur et dans l'acceptation, et ce, même si la voie que nous suivrons n'est pas nécessairement facile.

Tout ce qui nous arrive est conforme à notre «entéléchie», mot utilisé pour exprimer la finalité de notre vie. C'est ainsi que nous pouvons affirmer que ce que nous devons être est déjà là, présent en nous. Toutefois, nous avons toujours la possibilité de ne pas relever le défi que nous nous sommes donné, car nous jouissons d'un libre arbitre.

Ce n'est pas tant ce qui nous arrive qui détermine notre vie, mais bien ce que nous choisissons de faire avec ce qui nous arrive. Plus nous avançons en spiritualité, plus nous avons avantage à pardonner et à accepter les gens tels qu'ils sont afin de ne pas nous encombrer de liens karmiques.

Par exemple, plus nous avançons sur la voie de la spiritualité, plus nous avons avantage à nous réconcilier avec nos parents. Ce n'est pas tant ce qu'ils nous ont fait qui compte, mais bien ce que nous avons ressenti face à eux. Et puisque nous les avons choisis et que nous avons choisi les expériences vécues auprès d'eux, nous n'avons aucune raison de leur en vouloir.

Il est à remarquer que dans une famille qui compte deux enfants ou plus, lorsque nous comparons nos enfances et les parents que nous avons eus, les perceptions divergent très souvent. L'attitude d'un parent peut avoir blessé profondément un enfant et avoir laissé un autre totalement indifférent. Ce n'est donc pas tant ce que nos parents ont fait ou non qui compte, mais ce que nous avons ressenti à ce moment-là, ce que nous avons retenu à ce sujet et ce que nous en faisons aujourd'hui.

Nous nous sommes donné les parents que nous avons eus, même si ce choix n'a pas été conscient. Ce choix s'est fait sur le plan vibratoire: au niveau de l'âme, nous savions que nous avions des expériences à vivre ensemble et que notre rencontre allait servir notre évolution à tous.

Nous répétons souvent, à l'âge adulte, les comportements que nous avons eus envers nos parents. C'est pour cette raison qu'il est nécessaire de corriger nos perceptions et nos attitudes afin de régler cette situation.

L'inverse est aussi vrai: les parents se sont donné les enfants qu'ils ont eus. Au niveau de l'âme, ils ont été d'accord pour vivre cette expérience avec des âmes précises qui sont devenues leurs enfants. Car encore une fois, ils savaient que cette rencontre allait servir leur évolution et celle de leurs enfants.

Dans notre société, nous mettons beaucoup l'accent sur les liens familiaux. Personnellement, je crois que notre vraie famille n'est pas nécessairement notre famille d'origine ou notre famille biologique. Ce n'est pas tant les gens qui partagent le même sang que nous qui forment notre vraie famille, mais les gens qui partagent les mêmes pensées.

Tous ces liens familiaux auxquels nous accordons tant d'importance se désagrègent au moment de la mort. Au passage dans cette autre dimension, ne demeure avec nous que l'amitié dans sa valeur la plus large, la plus absolue.

Nos relations avec nos parents conditionnent toutes nos relations futures, ce fait est indéniable. Mais lorsque nous choisissons de nous prendre en main et que nous modifions ce qui ne nous convient plus, nous pouvons être libres d'exprimer qui nous sommes réellement et ne plus être conditionnés par nos relations parentales.

Nous avons été éduqués pour nous comporter comme des moutons, c'est-à-dire à ne pas déplaire à qui que ce soit, à faire comme tout le monde, à ne pas nous faire remarquer, à ne pas désobéir. Avec le recul, nous sommes forcés d'admettre que cette éducation porte en elle l'échec. Aujourd'hui, nous nous apercevons que si nous désirons changer la société au sein de laquelle nous vivons, il faut que tout le monde change, mais sur un plan individuel.

Nous avons tous besoin de suivre notre propre voie, de suivre notre propre sentier et de nous débarrasser des conceptions erronées reçues par nos parents et par nos éducateurs. Nous portons en nous notre vérité. Nous savons ce qui est bon pour nous. Débarrassons-nous de nos fausses croyances et de nos conceptions erronées.

Ce n'est sûrement pas en consultant les autres pour tout et pour rien que nous trouverons notre voie. Nous devons nous prendre en main et développer notre propre jugement. Nous devons apprendre à nous faire confiance.

Notre mission est beaucoup plus cosmique que terrestre. Toutes les rencontres que nous faisons sont des rencontres que nous effectuons d'abord au niveau de l'âme. Et, en ce sens, il n'y a pas de hasard.

Lorsque nous sommes conscients de cette vérité, nous ne voyons plus les gens de la même manière. Nous abandonnons alors les jugements, le mépris, la peur et toutes les émotions négatives à leur sujet. Nous savons que tous ceux qui ont été, qui sont et qui seront dans notre vie ont été préalablement choisis par notre âme pour jouer un rôle précis dans notre existence. En fait, nous nous sommes donné rendez-vous.

La vie n'est faite que de leçons évolutives. Ce que nous vivons, nous nous le sommes préprogrammé, car nous croyions que c'était la meilleure façon d'évoluer, d'apprendre, de comprendre, de nous perfectionner et d'être heureux.

Nous n'avons pas choisi le rejet amoureux, un cancer, une maladie, une situation difficile pour le simple plaisir! Nous avons choisi ces expériences, parce qu'elles servaient un but. Nous savions alors que les leçons que ces expériences nous apporteraient serviraient notre évolution et notre développement au niveau de l'âme. Les expériences que nous vivons ne nous ont jamais été imposées; notre âme les a choisies pour que nous puissions nous dépasser et relever de grands défis.

Bouddha disait: «Si vous voulez connaître votre avenir, regardez votre présent. Si vous voulez connaître votre passé, regardez votre présent.» En ce sens, la vie est un éternel présent, un présent infini.

Nous savons très bien que les enfants en bas âge sont près de leur âme. Il existe plusieurs histoires d'enfants qui ont évoqué des souvenirs d'une autre vie. Car l'âme porte en elle sa mémoire.

Toutes les âmes qui se rencontrent en ce bas monde se sont donné rendez-vous pour régler des comptes sur le plan cosmique. Ainsi, tout ce que nous vivons, nous l'avons choisi et planifié, car c'était, pour nous, la meilleure façon d'apprendre.

Tout ce qui nous arrive est conforme à nos pensées.
Même notre prénom n'est pas le fruit du hasard!
On dit même que c'est l'âme qui insuffle
à la mère le prénom qu'elle doit donner.

L'amour véritable dérive toujours de l'amour correct de soi. Nous ne pourrons jamais aimer quelqu'un d'autre avec un amour différent de celui que nous éprouvons envers nous-mêmes. Car tout amour, quel qu'il soit, provient de l'amour que nous éprouvons pour nous-mêmes.

Charles Fourrier a un jour dit cette phrase magnifique: «Les attractions humaines sont proportionnelles aux destinées.» Finalement, chacun accomplit ses pensées, et tout ce qui nous arrive est conforme à nos pensées, à nos émotions et à notre mission cosmique.

Nous ne pouvons donner que ce que nous sommes. La plupart des problèmes auxquels nous devons faire face dans notre vie d'adulte nous viennent de notre enfance. Ces difficultés ne proviennent pas de ce que nos parents ont fait ou n'ont pas fait, mais bien de notre perception des événements et de ce que nous avons ressenti face à eux. Nous devons changer notre perception des choses afin de faire la paix avec nos parents et nos éducateurs. Par le fait même, nous pourrons aussi faire la paix avec nous-mêmes.

Pour aimer, il faut être heureux. Si nous essayons de nourrir les autres sans connaître préalablement ce bonheur, nous ne pourrons leur offrir que nos limites et notre souffrance. Plus nous apprenons à nous aimer, plus nous nous identifions à notre véritable identité de divinité intérieure, plus nous apprenons à aimer par plaisir et non par besoin. Mais pour aimer, il faut être heureux, et ce bonheur ne provient pas de l'extérieur mais du dedans de nous-mêmes.

Si nous sommes malheureux et que nous désirions partager ce que nous avons, nous partagerons alors notre souffrance et notre malheur. Lorsque nous sommes heureux, nous pouvons offrir aux autres ce que nous avons de mieux en nous-mêmes, c'est-à-dire notre bonheur et notre amour.

Nous devrions cesser de vouloir posséder les autres, comme s'ils pouvaient nous compléter, comme s'ils étaient indispensables à notre bonheur.

Personne ne peut nous rendre plus heureux que ce que nous sommes présentement par nous-mêmes. Personne n'a le pouvoir de nous apporter le bonheur, si ce n'est ce bonheur qui vit déjà en nous.

Nous trouvons toujours dans une relation ce que nous y apportons. Nous en retirons toujours ce que nous avons nous-mêmes investi.

L'autre ne peut nous combler de joie. C'est en nous aimant nous-mêmes que nous rencontrerons l'ami de notre essence. En nous aimant tendrement. Nous ne pouvons aimer quelqu'un d'autre plus que nous-mêmes; c'est tout à fait impossible.

Gabriel Marcel a dit un jour cette phrase lourde de sens: «Je t'aime, et est-ce que cela te regarde?» En fait, c'est que notre amour pour quelqu'un d'autre ne regarde que nous. Nous ne pouvons exercer de chantage sur l'autre en lui disant: «Je t'aime, donc tu devrais m'aimer.» Non. Nous sommes responsables de nos sentiments et ceux-ci ne concernent personne d'autre que nous-mêmes.

L'amour est gratuit. Si nous aimons un indidivu et qu'il nous aime en retour, tant mieux mais cet être ne nous doit rien pour autant. Si, dans une relation, je suis responsable de mes sentiments, l'autre est aussi responsable des siens. Mais uniquement des siens.

Si nous sommes responsables de nous à part entière, cela sous-entend évidemment que nous sommes «en charge» de notre bonheur. C'est à nous de nous rendre heureux, pas aux autres.

Si nous permettons à quelqu'un de nous rendre heureux, tôt ou tard, cette personne aura aussi le pouvoir de nous rendre malheureux. Si nous remettons notre bonheur entre les mains d'une autre personne, nous connaîtrons l'instabilité, la dépendance et la souffrance.

Nous sommes des êtres entiers et non des «moitiés» en quête de notre complément. Si nous expérimentons de plus en plus le fait que nous sommes entiers, nous ne chercherons pas une moitié en l'autre, nous ne chercherons pas un complément mais bien un supplément. Alors pourrons-nous aimer véritablement. Par plaisir, tout simplement.

CHAPITRE 9

Développer notre conscience de l'abondance

Ce que nous accomplissons à l'intérieur modifie la réalité extérieure.

Otto Rank

Nous avons souvent tendance à confondre les termes «abondance» et «prospérité». La prospérité est liée à l'argent, tandis que l'abondance concerne plutôt la situation générale. Vivre dans l'abondance, c'est connaître l'aisance matérielle, mais aussi la santé, de belles relations, une vie heureuse, etc.

Nous ne pouvons développer notre être profond, nous ne pouvons axer notre vie sur la spiritualité et nous retrouver dans une situation de manque. C'est impossible. Donc, chaque fois que nous vivons un manque, c'est le signe que nous avons mal intégré une leçon, que nous vivons un blocage quelconque.

Si nous nous identifions uniquement
au corps physique et au mental,
nous sommes nécessairement dans la limitation,
dans la petitesse, dans la mesquinerie.
Dans notre personne de surface,
il y a toujours du calcul,
le petit «je, me, moi».

Même si j'enseigne aux gens à prendre soin d'eux correctement, ce n'est pas du nombrilisme. En fait, si nous savons nous occuper de nous avec beaucoup de sagesse, beaucoup de respect, beaucoup d'amour, nous serons en mesure de donner tout cela aux autres.

Regardons les problèmes auxquels nous devons constamment faire face. Observons les gens avec lesquels nous nous chicanons régulièrement. Attardons-nous aux difficultés auxquelles nous nous heurtons. Ces problèmes sont tous révélateurs des défis à relever.

Notre abondance s'accroît-elle à tous les niveaux? Notre conscience prend-elle de l'expansion? Notre taux vibratoire s'élève-t-il pour nous permettre de dégager plus d'harmonie, plus de bien-être, plus de paix? Nous pouvons nous poser ces questions fondamentales pour faire obstacle aux blocages qui nous empêchent de connaître l'abondance.

Ce qui fait obstacle à l'abondance, ce sont ces éléments: la confusion, l'angoisse et la culpabilité. Comme on nous a enseigné, pour la plupart, qu'il était mauvais de prendre soin de nous, nous nous sentons souvent coupables lorsque vient le temps de nous faire plaisir financièrement.

Ces émotions et ces sentiments font partie des vieux moules reçus par l'entremise de notre éducation. Puisque nous sommes maintenant des adultes, nous pouvons choisir d'adhérer ou non à ce mode de pensée.

L'abondance n'est pas qu'une question d'argent. C'est aussi une question d'attitude intérieure. Quelle attitude favorisons-nous face aux autres chaque jour? Avons-nous l'esprit critique? Sommes-nous toujours en train de dire du mal des autres? Jugeons-nous souvent les gens qui nous entourent ou que nous rencontrons?

L'abondance n'est pas uniquement liée au fait d'avoir de l'argent ou de posséder des biens matériels. C'est notre état d'esprit qui détermine cette abondance. Si nous sommes constamment critiques à l'égard des autres, nous construisons des blocages qui empêchent le courant de l'abondance de passer librement.

Lorsque nous sommes débranchés du courant cosmique, lorsque nous sommes coupés de la source, nous ne pouvons manifester notre abondance. Nous devons nous ressourcer de l'intérieur pour laisser couler librement notre abondance vers l'extérieur car, en cela comme en toutes choses, tout part de l'intérieur de nous-mêmes.

Rien ne se passe à l'extérieur de nous qui n'ait d'abord pris naissance en nous. Finalement, l'extérieur n'est que le résultat de l'intérieur, il n'en est que le reflet.

Élever notre conscience de l'abondance, c'est changer nos habitudes de petitesse, nos pensées limitées qui nous ont toujours menés dans les mêmes cul-de-sac. C'est aussi accepter de nous transformer, de modifier notre conscience pour le mieux.

Souvent, nous nous sommes identifiés au corps physique, à la matière, à une perception limitée de la vérité. Forcément, l'insécurité nous a alors gagnés: nous avons été confrontés à la peur de manquer de quelque chose. Pour vaincre l'insécurité, il n'existe qu'un moyen: nous relier à notre vérité intérieure, à notre âme, qui est la source de tout.

Ce qui nous rend riches, ce n'est pas nos investissements, notre travail ou notre famille. Ce qui nous permet de connaître l'abondance, c'est notre facilité, notre capacité, notre aptitude à nous relier à une source qui ne se tarit jamais: notre âme.

La pseudo-sécurité qui provient du dehors est éphémère. En fait, la sécurité extérieure n'existe pas. Tout le monde a un jour ou l'autre été échaudé par l'extérieur. Le résultat: déceptions et désillusions. La seule véritable sécurité consiste à travailler avec notre être profond, avec notre âme pour créer une abondance qui se renouvelle constamment et qui jamais ne se tarit.

Ce qui nous rend prospères, ce sont nos pensées de prospérité. Ce qui nous appauvrit, ce sont nos pensées de pauvreté.

Tout débute par la pensée, qui est créatrice. Ce que nous disons et affirmons, c'est ce que nous sommes ou devenons. Très souvent, nous affirmons nous sentir pauvres, insécurisés, malades, dépressifs, etc. Il n'est pas étonnant que nous manifestions ces états par la suite!

Nous pouvons nous demander ce qui bloque le flot d'argent dans notre vie. Le fait que notre niveau vibratoire soit plus bas – parce que nous entretenons des pensées négatives ou parce que nous laissons des gens dépressifs nous enlever nos énergies – nous empêche de connaître l'abondance.

L'abondance va de pair avec certaines qualités: la générosité, la gratitude, la reconnaissance. Si nous sommes capables d'être pleins de gratitude, si nous savons dire merci sincèrement, si nous dégageons une belle vibration de reconnaissance, si nous sommes capables d'apprécier les belles choses de la vie, nous connaîtrons assurément l'abondance.

Nous recevons toujours ce que nous donnons. Et bien sûr, nous recevons toujours selon les pensées que nous entretenons. Si nous critiquons, nous recevons la critique. Si nous sommes envieux, nous recevons l'envie. Cependant, si nous favorisons une attitude ouverte et généreuse envers les autres, ils agiront de même à notre égard.

La nature est abondance, l'univers est richesse infinie. Si nous réussissons à nous brancher sur cette source d'abondance, si nous parvenons à faire un avec la merveilleuse opulence de l'univers, nous ne pourrons jamais manquer de quoi que ce soit.

L'abondance est partout autour de nous. Il nous faut simplement la reconnaître et savoir que nous faisons partie de cette prospérité.

Pour Jésus, l'abondance n'était pas liée au fait d'accumuler des biens, mais à celui de manifester ce dont il avait besoin, au moment où il en avait besoin. De prime abord, on pourrait dire de Jésus qu'il était pauvre; pourtant, nous devons admettre qu'il se comportait comme un riche.

Lorsque rien ne va plus sur le plan financier, il faut s'arrêter et non pas redoubler d'ardeur au travail. Il faut nous observer pour tenter de comprendre quel est le changement à opérer de l'intérieur pour produire des résultats à l'extérieur.

Vivons-nous du ressentiment face à quelqu'un qui nous a blessé? Est-ce que nous en voulons à nos parents? Avons-nous accumulé certaines rancœurs? Prenons conscience de ce qui peut limiter notre prospérité.

Travailler avec le pardon, c'est travailler en voie d'obtenir une libération, un affranchissement intérieurs. Nous pouvons dès lors connaître une vie libre, sans entrave, sans blocage.

Dans les situations de manque, nous pouvons avoir recours à notre âme, lui demander conseil, lui abandonner la situation difficile que nous traversons. Nous pouvons lui demander de nous inspirer, de nous prouver son amour, de nous indiquer la route à prendre. Et forcément, nous aurons toujours une réponse.

Cependant, pour être vraiment en mesure de recevoir la réponse de notre âme, il nous faut nous arrêter pour l'entendre. En effet, lorsque nous sommes constamment en mouvement et que nous ne sommes pas à l'écoute de notre voix intérieure, nous ne sommes pas en mesure d'entendre les réponses de notre âme.

La conscience de l'abondance n'est pas liée au désir d'accumuler des biens de toutes sortes ou au fait de tout garder pour soi. C'est plutôt axé sur une attitude d'esprit qui permet de laisser circuler librement les richesses sous toutes leurs formes.

La richesse est bien au-delà de la possession. Vivre dans l'abondance, c'est être détaché des biens de la terre. La sagesse zen dit ceci: «Renoncer ne veut pas dire abandonner les choses de ce monde, mais accepter qu'elles partent.»

En fait, toutes choses pourraient quitter notre vie, cela n'affecterait jamais notre bonheur et notre paix intérieurs. Notre bonheur ne repose pas sur la richesse, sur les possessions ou sur tout autre aspect matériel de notre existence. Il dépend de l'intérieur, il repose sur le plaisir de vivre, sur le plaisir d'être, tout simplement, indépendamment des circonstances extérieures.

L'abondance ne provient pas du fait de travailler avec acharnement et sans relâche. Si telle est notre croyance, nous devons changer notre conscience. Ce n'est pas de travailler très fort ou d'effectuer un travail harassant qui compte, mais d'avoir une attitude mentale qui correspond à l'abondance.

En fait, il y a des gens qui ont travaillé fort toute leur vie et qui n'ont jamais connu l'ombre d'une certaine aisance matérielle. D'autres ont passé leur vie à s'amuser et ont sans cesse attiré à eux des occasions d'abondance. Tout est une question d'attitude intérieure, et non pas d'efforts déployés dans la matière.

Il est intéressant d'observer comme il nous arrive souvent de refuser l'abondance, et ce, sous toutes ses formes. Un compliment effectué à notre endroit, par exemple, peut nous mettre mal à l'aise et nous amener à rabrouer celui qui nous a complimenté. C'est pourtant une façon subtile de refuser l'abondance.

La Bible nous invite à l'abondance. Salomon était le roi le plus riche. Il a d'abord demandé la sagesse, ce qui est très révélateur en soi. Par la suite, lui furent accordées la gloire et la richesse.

Si nous nous codons pour obtenir un gros montant d'argent, mais que nous ne nous préparons pas intérieurement à vivre cet énorme revirement de situation, nous ne pourrons l'assumer à long terme et être heureux.

Se sentir digne, c'est avoir le sentiment de mériter quelque chose. Nous méritons d'être riches et prospères, nous méritons de connaître l'abondance, nous méritons d'avoir de l'argent. Mais pour nous sentir dignes et à la hauteur, nous devons travailler sur notre attitude intérieure et notre estime de soi. Ce sont des incontournables.

Nous pouvons bénir l'abondance dans notre vie, l'énorme surplus divin qui est nôtre. Nous pouvons laisser circuler librement et joyeusement l'argent dans notre existence. Ce sont des attitudes qui favorisent l'abondance.

Lorsque je rentre chez moi le soir, je place les mains au-dessus de mon argent et je dis ceci: «J'accueille avec reconnaissance cette augmentation de tous mes biens. Je les confie à l'intelligence créatrice. Puissent-ils prospérer.» Cela m'a donné de bons résultats.

Catherine Ponder, qui a écrit un livre sur l'abondance intitulé *Les lois dynamiques de la prospérité*, suggère cette formule: «Je remercie l'esprit universel de la prospérité de me donner dès maintenant ces richesses.» Elle prétend que cette phrase sert surtout à débloquer les énergies. Et effectivement, cette affirmation fonctionne.

Nous pouvons, si nous le désirons, afficher ces phrases un peu partout dans la maison: sur le miroir de la salle de bain par exemple, sur la porte du réfrigérateur, ou à tout autre endroit où notre regard se pose régulièrement. À force de lire et de relire des affirmations qui nous codent, nous récolterons forcément de bons résultats.

Les changements de conscience se font parfois de manière subtile, par le travail à l'aide d'affirmations de ce genre, par exemple. Nous pouvons nous coder en répétant inlassablement les mêmes phrases; elles porteront éventuellement leurs fruits.

Il importe de toujours remercier pour tout ce que nous obtenons, car le simple fait d'être reconnaissants permet de modifier notre taux vibratoire. Il est donc nécessaire que nous développions de plus en plus de reconnaissance pour les moindres détails de notre vie.

Nous pouvons aussi nous rappeler qu'il importe de pardonner. Pardonner est une aptitude à lâcher prise et à nous détacher, et c'est l'un des plus puissants outils de transformation qui soit. Servons-nous-en pour dégager encore plus de lumière, pour élargir notre conscience et pour connaître encore plus d'abondance.

Quatrième partie

VERS UNE CONSCIENCE ÉLARGIE

CHAPITRE 10

Les vertus du lâcher-prise

*La paix n'est pas un objet précieux qui nous appartient.
Il faut toujours la conquérir.*

Nordahl Grieg

De nos jours, nous entendons beaucoup parler du lâcher-prise. De plus en plus, nous valorisons cette attitude qui nous permet d'abandonner l'issue d'un problème à la créativité de notre âme, qui se charge toujours de trouver des solutions. Mais voilà, en tant qu'êtres humains, nous avons souvent le sentiment qu'en ne faisant pas d'effort, nous ne faisons rien. Et nous croyons que notre survie s'en trouve dès lors menacée.

Certains perçoivent le lâcher-prise comme une forme de démission, comme si c'était une façon de laisser tomber, d'abandonner. Pourtant, lâcher prise demande du courage : c'est faire confiance, sans s'inquiéter. C'est cultiver la certitude intérieure que la solution idéale se présentera à nous, en temps et lieux.

Lâcher prise, c'est aussi faire ce qu'il faut faire
pour permettre à l'énergie de couler librement,
car si cette dernière est bloquée – que ce soit au niveau
de nos pensées ou de nos sentiments –, le résultat tarde
toujours à se manifester.

L'extérieur est toujours conforme à l'intérieur. Lorsque nous nous occupons de nos pensées et de nos sentiments, l'extérieur prend forme selon eux.

Pour lâcher prise, nous avons besoin de nous tourner vers notre âme, qui est toujours présente dans notre vie mais qui attend tout simplement que nous nous tournions vers elle pour nous offrir son soutien, pour nous apporter son appui.

Notre âme est depuis toujours une alliée extraordinaire, une amie exceptionnelle, mais elle ne fera rien pour nous si nous n'en manifestons pas le désir. Nous devons nous tourner vers elle d'abord pour qu'elle puisse répondre à nos demandes. Notre âme est notre véritable identité éternelle. Elle conserve la somme de toutes nos vies passées, tout comme certaines aptitudes que nous disons «innées».

Malheureusement, le problème se situe souvent au niveau du temps. Nous avons accepté l'idée que nous n'avons pas le temps. Nous n'avons pas le temps de nous arrêter, nous n'avons pas le temps de méditer, nous n'avons pas le temps de parler à notre âme, d'entrer en contact avec elle, de l'écouter.

Nous préférons tourner telles des toupies, en quête de solutions que nous trouvons avec notre mental limité. Pourtant, les vraies solutions, c'est notre âme qui peut nous les donner. Mais, pour ce faire, nous devons absolument prendre le temps de les lui demander. Surtout, nous devons être prêts à recevoir ses réponses.

Lâcher prise, c'est sortir du monde limité des sens, du monde des apparences, de la conscience sociale, de l'hypnose collective afin de se repaître, de se ressourcer, de s'agrandir, de s'accroître de l'intérieur dans ce qu'on a toujours été, de toute éternité.

Le lâcher-prise demande que nous approuvions les résultats qui se produisent dans notre vie après que nous eûmes confié à notre âme le mandat de résoudre le problème.

Si nous vivons une situation difficile, que nous lâchions prise et que ce lâcher-prise produise des résultats, nous devons les approuver, quels qu'ils soient. Les résultats obtenus seront toujours à l'image de l'énergie que nous avons émise et qui nous revient.

Même dans une situation qui peut sembler désastreuse, nous sommes en mesure de prendre conscience de cette puissance qui nous a toujours habités et qui agit toujours pour notre plus grand bien. Toutefois, la plupart du temps, nous l'ignorons. Étrangement, ce sont dans les moments difficiles de notre vie que nous nous tournons vers notre âme, que nous nous référons à cette puissance en nous, que nous nous y abandonnons.

La pensée est créatrice et, de ce fait, nous sommes responsables à part entière de notre vie. Cette responsabilité ne veut pas dire que nous soyons coupables. Si l'âme est en évolution, elle a besoin d'expériences pour grandir, pour apprendre. Nous n'avons pas à juger la nature de ces expériences.

Notre âme a besoin d'évolution, elle a besoin de vivre des expériences pour apprendre, pour assimiler, pour transcender. Dans ce cas, pourquoi nous sentirions-nous coupables lorsque nous nous sommes mis dans des situations difficiles? Nous avons besoin de ces expérimentations pour grandir intérieurement.

Si nous avions la sagesse d'apprendre dans la facilité, nous n'aurions pas besoin de vivre des expériences douloureuses. Mais, malheureusement, ce sont souvent les événements les plus frappants de notre existence qui nous aident à nous secouer, à nous réveiller. Les épreuves nous permettent de sortir grandis, d'acquérir un important bagage, de développer notre force et notre puissance. Et cela fait toujours en sorte de nous solidifier de l'intérieur.

Plus nous sommes centrés, plus nous nous reposons sur notre force intérieure, moins nous avons besoin des autres, moins nous avons besoin de pseudo-sécurité qui nous vient de l'extérieur. Le fait de développer cette confiance en nos capacités nous fait prendre conscience que la véritable sécurité, en toutes choses, est d'abord intérieure. Comme il est rassurant, ce constat!

Puisque notre vie est le pur reflet de nos pensées,
de nos émotions et de nos sentiments,
notre responsabilité est de nous occuper de ceux-ci.
Si nous laissons entrer n'importe quoi en nous,
nous récolterons aussi n'importe quoi.

Bien sûr, cette façon de voir les choses n'est pas la norme; la plupart des gens ne vivent pas ainsi. Être sous la juridiction d'une loi d'exception nous amènera toujours à vivre comme des êtres exceptionnels. Vivre sous la loi générale nous amènera toujours dans l'illusion – le monde des apparences et le monde des sens – et la désillusion.

Nous sommes appelés à nous éveiller, à effectuer un travail de conscience, un travail d'harmonie sur nous-mêmes. Nous devons nous observer avec vigilance pour devenir de plus en plus présents à ce qui se passe à l'intérieur de nous.

Lorsque nous sommes conscients, lorsque nous sommes éveillés, nous ne pouvons plus dire que ce qui se produit à l'extérieur n'est pas le reflet de ce que nous sommes.

Notre vraie nature est lumière. Notre âme est lumière. C'est ce à quoi nous faisons référence lorsque nous faisons allusion à la lumière en nous. Dès le début de la création, il fut dit: «Que la lumière soit.»

Nous désirons obtenir de la lumière dans notre vie? Travaillons avec elle. Si nous ne savons pas nous en servir, nous vivrons dans l'ombre, dans l'obscurité. Lorsque nous comprenons que le processus de création dépend de notre pensée et de nos sentiments, que le mouvement de la vie va de l'invisible au visible, nous apprivoisons ce processus de création.

Si nous travaillons avec ce que nous sommes au niveau de notre âme, c'est-à-dire avec la lumière, nous engendrons des situations lumineuses. Nous vivons alors dans la vérité qui rend libres, qui est sans restriction, sans interdit et qui nous permet de nous sentir dégagés de toutes les entraves.

Lâcher prise, c'est être conscients. C'est ne plus accuser notre éducation, nos parents ou les gens qui nous entourent pour quelque situation que ce soit, pour quelque événement que ce soit. Tous ceux qui ont été dans notre vie ont été attirés par nous-mêmes, pour les besoins de l'expérience. Il en est de même de toutes les situations et de tous les événements.

Nous devons nous pardonner pour nos expériences passées. Si nous éprouvons de la difficulté à le faire, nous pouvons nous rappeler que les gens et les événements de notre passé nous ont grandement servis.

Pour nous aider à pardonner, nous pouvons entourer ces gens et ces événements de lumière et d'amour, puis lâcher prise. Cela nous permettra de rapatrier les énergies que nous avons éparpillées et de nous libérer de ces gens ou de ces événements.

*Nous voulons être libres? Nous devons faire la paix avec notre passé, nous devons lâcher prise et nous pardonner toute situation. Pour être libres face à un individu, face à une situation, nous devons les aimer et les regarder avec un œil différent.
C'est ce qui s'appelle «transmuter l'énergie».*

Chaque fois que nous posons un regard agressif sur une personne, sur une situation, nous créons des liens et les retenons dans notre univers. Inversement, plein de gens nous retiennent. Nous devons nous libérer de tous ces individus au moyen de l'amour et de la lumière. C'est là la seule véritable façon d'être sans entraves.

Ce sont notre rigidité et notre manque de souplesse qui nous font souffrir. Lorsque nous demeurons bornés, fermés, rien de neuf ne peut se présenter à nous. Nous demeurons alors dans notre souffrance, dans notre peine et notre misère. Nous devons lâcher prise pour mettre fin à cette souffrance.

Lorsque nous disons oui à la vie, cela signifie que nous nous donnons le droit d'arrêter de souffrir. Lorsque nous disons oui à une situation, cela ne veut pas dire pour autant que les événements se régleront comme nous l'espérons. Mais une chose est certaine: tout se réglera toujours pour le mieux.

Lorsque nous faisons confiance à notre âme, nous lui permettons d'agir pour notre plus grand bien. Notre âme connaît notre plan de vie. Elle sait ce que nous sommes venus apprendre sur cette terre. Faisons-lui confiance.

Notre mental veut généralement demeurer le maître et régler les choses à sa façon. Pour que cesse cette situation, nous devons entraîner notre mental à un autre niveau de conscience. Il ne doit pas être le maître de notre vie, mais un merveilleux serviteur.

Lorsque nous apprenons à lâcher prise, nous apprenons à vivre de plus en plus en harmonie avec notre lumière intérieure. Et ce choix merveilleux génère toujours de belles et grandes choses dans notre vie. Indéniablement.

CHAPITRE 11

Vivre de plus en plus dans l'harmonie

*Chaque être porte en lui-même la condition
de tous les êtres.*

Michel De Montaigne

La première loi de la vie, c'est l'ordre, l'harmonie. Comme nous pouvons le constater dans l'univers, et ce, à tous les niveaux, il existe un ordre rigoureux. Les saisons, entre autres, en font partie.

Les saisons se succèdent toujours dans le même ordre: après l'hiver, les bourgeons refleurissent, la nature renaît, les jardins débordent de cette fabuleuse abondance. Le printemps suit toujours l'hiver; cela fait partie de l'ordre immuable de l'univers.

N'importe quel jardinier le confirmera: il récolte toujours selon la semence. S'il ensemence son jardin d'arbres fruitiers, il récoltera des fruits. S'il sème des carottes, il récoltera ce légume. En ce sens, il n'y a jamais de surprises.

Il existe aussi un ordre rigoureux au niveau de la pensée. Nous récoltons toujours ce que nous avons semé par le passé. Nous récolterons toujours ce que nous semons actuellement. Cette vérité est tout aussi immuable que les saisons.

Notre état vibratoire et la qualité de nos pensées attirent toujours leur semblable. Nos vibrations ne mentent pas. Nous ne pouvons vivre une situation, quelle qu'elle soit, par hasard. Tout ce qui est à l'extérieur ressemble à ce qui est à l'intérieur.

Depuis la nuit des temps, nous avons toujours été portés à croire qu'il existe deux forces en opposition: le bien et le mal, le bon et le mauvais, ce qui est correct et ce qui ne l'est pas, ce qui est permis et ce qui ne l'est pas. Au niveau de l'âme, tout est correct car tout est expérience. Nous n'avons pas à juger d'une situation, d'un événement ou d'une personne. Tout est toujours correct en soi.

Le fait d'élever notre niveau de compréhension nous amène toujours à développer plus de lumière que nous en avions au point de départ. Nous sommes appelés à redevenir ce que nous étions à l'origine: totalement lumière. Mais, pour ce faire, nous devons élargir notre champ de conscience.

Nous pouvons demander à notre âme de nous aider en toutes circonstances. Souvent, nous commençons à faire appel à elle, dans des situations qui nous semblent insolubles. Pourtant, avec le temps, nous constatons que nous pouvons y faire appel pour résoudre de grands problèmes, mais aussi pour régler de petits détails du quotidien.

Par exemple, avant de lire un livre, nous pouvons, si nous le désirons, demander à notre âme d'entrer en contact avec l'âme de l'auteur pour nous aider à comprendre sa pensée. En agissant ainsi, nous recevons des lumières et n'effectuons pas la lecture du livre de la même manière. Comme si, grâce à cette technique, l'essentiel marquait notre esprit, comme si nous ne lisions plus de la même façon.

Nous pouvons utiliser cette façon de faire pour une multitude de petits détails du quotidien. Il n'en tient qu'à nous de faire appel à cette force qui est en nous et qui n'attend qu'un signe de notre part.

*Laisser l'harmonie s'exprimer dans notre vie,
c'est comprendre le pouvoir de la lumière
et nous familiariser avec elle. Lorsque nous faisons
confiance à cette lumière, nous pouvons travailler
avec elle en toutes circonstances.*

Si nous roulons sur une route en plein hiver et que l'insécurité nous gagne, nous pouvons travailler avec la lumière et faire confiance. Ainsi, nous pouvons placer de la lumière sous les pneus, sur l'asphalte, sur l'autoroute, tout autour de la voiture et nous sentir dès lors confiants. De la même manière, nous pouvons investir les gens que nous croisons, que nous rencontrons de lumière et d'amour. Forcément, nos relations avec eux seront d'autant plus faciles et beaucoup plus harmonieuses.

En toutes circonstances, lorsque nous sommes inquiets ou que nous manquons de confiance, nous pouvons nous envelopper de lumière, projeter la lumière devant nous. Ainsi, nul accident ne pourra survenir, rien ni personne n'aura alors le pouvoir de nous blesser, de nous faire mal, de nous atteindre.

Pour qu'un individu pénètre dans notre zone vibratoire, il faut que cet individu ait été préalablement invité par nous-mêmes. Ce sont nos peurs qui invitent dans notre champ vibratoire des gens dont nous ne voulons pas. Inversement, la confiance et la lumière nous protègent contre eux.

Nos peurs sont de puissants aimants. Si nous craignons que quelqu'un nous attaque, qu'il nous agresse, ces inquiétudes auront l'heur d'attirer à nous les indésirables. De plus, cette façon d'être, de faire et de voir la vie est contraire à la vérité, contraire à notre lumière.

Personnellement, lorsque je quitte mon appartement, je fais toujours le même exercice: je verrouille la porte et je l'enveloppe de lumière en me disant que les seules personnes qui passent le seuil de cette porte sont celles qui y ont été invitées. Cette barrière de lumière est très efficace.

Pour les fenêtres et les portes-fenêtres de mon appartement, j'agis de la même manière et je demande toujours à mon âme de faire ce qu'il faut pour prendre soin de mon appartement. Je lui fais entièrement confiance. Lorsque nous procédons ainsi, rien de désagréable ne peut survenir.

Rien n'est moins accidentel que les accidents. En effet, ils dissimulent toujours un sentiment de culpabilité de même que le désir de s'autopunir.

Derrière toute maladie, il y a toujours un sentiment de culpabilité. La culpabilité est un sentiment anti-divin. Nous ne pouvons pas nous sentir à la fois lumière et coupables.

Lorsque nous éprouvons de la culpabilité, ce n'est ni mal ni mauvais en soi, mais il faut devenir conscients du fait que ce sentiment est inutile et ne génère rien de bon dans notre vie. Lorsque nous sommes aux prises avec la culpabilité, nous devons absolument travailler avec le pardon. Nous devons nous pardonner à nous-mêmes d'abord et pardonner aux gens concernés, s'il y a lieu.

De la même façon, nous pouvons travailler avec l'amour et la lumière pour dissoudre ce sentiment anti-divin. Nous pouvons répéter que nous sommes la présence curative de la lumière et de l'amour infinis de Dieu. Où que nous soyons, nous pouvons nous investir de cette présence curative, de cette lumière et de cet amour infinis qui sont là, en nous, à l'intérieur de nous, au plus profond de notre être.

Aucune protection extérieure ne peut nous donner de tels résultats: systèmes de protection hautement sophistiqués, alarmes, etc. Nous avons beau utiliser tous les moyens que nous connaissons pour nous protéger, la meilleure protection demeurera toujours d'être conscients de notre véritable identité qui est lumière.

Si nous vivons dans l'hypnose collective, au niveau de la loi générale, nous vivons dans l'ombre, dans l'obscurité. Bien sûr, il peut parfois nous arriver d'être littéralement récupérés par l'extérieur et de retomber dans ce piège, mais si nous sommes conscients du fait que nous sommes lumière, nous reviendrons toujours à celle-ci.

La lumière, c'est notre âme. Lorsque nous dialoguons avec notre âme, nous sommes dans la lumière. L'exercice est très simple à effectuer, et terriblement efficace.

Le matin, avant même de descendre du lit, nous pouvons nous abandonner à notre âme afin d'être guidés tout au long du jour, et de lui faire confiance. Nous pouvons lui confier notre journée de même que toutes les démarches que nous avons à entreprendre.

Nous pouvons confier aux bons soins de notre âme les gens que nous avons à rencontrer, le travail que nous avons à faire, la route que nous avons à effectuer. Nous pouvons travailler de concert avec elle en toutes circonstances.

Nous pouvons aussi lui demander de nous inspirer pour aider le plus grand nombre de gens tout au long de notre journée. Et nous pouvons l'en remercier à l'avance d'être un si bel et si efficace instrument de paix, d'amour et de guérison.

Puis, de la même manière, au moment de nous mettre au lit, prenons le temps de parler à notre âme. Remercions-la de nous avoir soutenus tout au long de la journée. Personnellement, je prends toujours le temps de lui dire cinq belles choses que j'ai vécues durant ma journée. Je prends le temps de souligner les beaux événements survenus tout au long du jour.

Parfois, ces belles choses revêtent de simples visages: un coup de fil inattendu, un remerciement, un service qui m'a été rendu à l'improviste par un inconnu, etc. Mais voilà: lorsque nous commençons à devenir attentifs à ce type de beaux moments qui tissent notre journée, nous en attirons de plus en plus.

Finalement, tant que nous travaillerons avec la lumière, nous serons inspirés, guidés, rayonnants et protégés. Car cette loi est incontournable. Cette loi est immuable. Mettons-la en application.

CHAPITRE 12

Notre pensée: une richesse infinie

Nous nous rencontrons maintes et maintes fois sous mille déguisements sur les chemins de la vie.

Carl G. Jung

Tout est toujours reçu selon la forme du récipient, je l'ai répété à plusieurs reprises tout au long de cet ouvrage et de bien des manières différentes. Il n'arrive pas à un être ce qu'il mérite, mais bien ce qui lui ressemble du point de vue vibratoire.

Notre pensée est notre richesse éternelle.
Si nous savons nous en servir et si nous savons
l'orienter dans le bon sens, nous connaîtrons une vie
riche, inspirée, rayonnante.

Pour vivre notre vie au maximum et dans la plus grande harmonie qui soit, nous devons apprendre à travailler avec notre pensée. Le travail en est un de conscience et d'harmonie sur nous-mêmes. Nous ne pouvons changer les autres, mais nous pouvons nous changer nous-mêmes. Mais que nous faut-il changer au juste, intérieurement?

Pour que notre vie soit plus intéressante, pour ne plus attirer des expériences douloureuses et insatisfaisantes, nous devons changer le récipient qui reçoit, c'est-à-dire notre façon de percevoir et de recevoir les choses.

Si nous continuons à entretenir une ligne de pensée négative – si nous continuons à nous plaindre, à nous lamenter, à accuser les autres, à nous pencher amèrement sur notre passé, à tenir nos parents et nos éducateurs pour responsables –, nous poursuivrons dans la même voie et obtiendrons toujours les mêmes résultats.

Si, au contraire, nous nous permettons d'expérimenter une autre façon de faire, c'est-à-dire si nous consentons à modifier notre manière de voir en général, notre conception de la vie, la perception que nous avons de nous-mêmes, nous verrons les choses changer d'elles-mêmes.

Sommes-nous capables de nous donner la première place dans notre vie ? Sommes-nous aptes à faire de nous-mêmes la personne la plus importante dans notre existence ? Si oui, nous pourrons, par cette simple attitude, transformer positivement notre vie.

Si nous attendons que les autres nous aiment plus que nous sommes capables de nous aimer nous-mêmes, nous serons déçus. Nous remettrons ainsi notre sort entre les mains des autres. Nous pourrons alors jouer les victimes et accuser tout un chacun de ne pas nous avoir rendus heureux, de ne pas nous avoir suffisamment aimés. Et nous en serons profondément peinés.

La plupart d'entre nous avons passé une grande partie de notre vie à chercher l'amour en dehors de nous-mêmes. Nous avons été déçus, désillusionnés par ces amours éphémères.

Lorsque nous prenons conscience que tout l'amour est à l'intérieur de nous, que notre âme est tout amour envers nous-mêmes, prête à nous démontrer la force et la puissance de cet amour, nous ne cherchons plus à l'extérieur en vain.

Mais cela ne veut pas dire que l'amour humain ne mérite pas d'être expérimenté. Aimer un autre être humain devient alors un cadeau, un supplément et non plus un besoin.

Nous possédons tous un noyau d'être, un centre de gravité permanent. Ce centre est parfait. Nous devons d'abord nous orienter, nous brancher, nous retrouver à l'intérieur de ce centre de gravité pour que notre vie extérieure devienne plus intéressante et significative.

Ce que nous faisons aux autres nous est toujours remis. La loi du retour est immuable. Plus nous sommes éveillés, plus nous constatons que la loi du retour est présente dans nos vies, incontournable.

Rien ne se produit par hasard, car le hasard n'existe pas. Einstein l'a bien résumé par cette célèbre phrase: «Dieu ne joue pas aux dés»...

Nous avons voulu, désiré et choisi les expériences que nous sommes en train de vivre parce que nous sommes venus sur le plan terrestre pour tirer des leçons évolutives. Le but de la vie, c'est l'éducation à travers l'évolution. Soyons de bons élèves. Consentons à apprendre, à évoluer.

Nous sommes la somme de nos pensées d'hier et nous préparons aujourd'hui, par nos pensées actuelles, notre avenir.

Nous avons un centre de gravité parfait que nous appelons notre divinité intérieure. Cette divinité est parfaite. Mais comme elle passe par notre pensée qui est pleine de limitations, elle peut sembler limitée, elle aussi. Nous créons alors la limitation à l'extérieur, car notre perception est alors erronée.

Pour changer notre univers, notre monde, notre existence, nous devons d'abord changer la qualité de nos pensées. C'est la seule façon d'y arriver.

Sommes-nous capables de nous aimer à part entière, dans ce que nous sommes maintenant, sans nous faire de reproches, sans nous critiquer, sans nous juger?

La façon dont nous nous servons de notre pensée à notre égard détermine la façon dont nous nous servons de notre pensée à l'égard des autres.

Lorsque nous prenons l'habitude d'agir avec une grande souplesse, une grande ouverture d'esprit, lorsque nous sommes remplis de compassion envers les autres, ils adoptent ce même comportement à notre égard. Nous recevons toujours ce que nous offrons.

Pour élever notre taux vibratoire, nous devons dégager de la joie. C'est pour cette raison que Jésus a dit: «Que votre joie soit parfaite.» Le rire est communicatif et nous sommes irrésistiblement attirés par les gens heureux. Le bonheur est un choix que nous pouvons effectuer au jour le jour. Et rappelons-nous que le rire est terriblement attirant.

Observez ce qui fait le charme, la beauté, le magnétisme d'un enfant. C'est sa spontanéité, son émerveillement. Un enfant s'émerveille de tout. Même de ce qu'il a vu à plusieurs reprises déjà. Et avec lui, il existe mille et une occasions de fête.

Souvent, les adultes ont perdu le sens du merveilleux. Ils ont vu s'altérer leur spontanéité, leur capacité à s'émerveiller. Pourtant, la joie de vivre, le rire, le plaisir ont la merveilleuse capacité d'élever notre taux vibratoire. Cultivons cette joie, ce plaisir de vivre, ce rire merveilleux qui génèrent tant de bonheur dans notre vie.

Il existe à l'intérieur de chacun de nous une force, une puissance infinies, jaillissant de notre âme. Nous pouvons nous tourner vers cette puissance qui ne demande qu'à nous aider. Et jamais nous ne serons déçus de l'avoir fait.

C'est notre état d'esprit qui détermine nos expériences. Lorsque des événements négatifs surviennent, nous pouvons nous demander dans quel état d'esprit nous sommes à ce moment.

Nous sommes toujours responsables de ce qui nous arrive, nous sommes toujours au centre de nos expériences. Nous télécommandons, nous programmons en permanence tout ce qui se produit dans notre vie.

Tout commence par la pensée. C'est pour cette raison qu'il est essentiel de surveiller la nature de ces dernières. Encore une fois, nous ne le dirons jamais suffisamment, nos pensées d'hier ont déterminé nos expériences d'aujourd'hui de même que nos pensées d'aujourd'hui détermineront nos expériences de demain. Ainsi, une vigilance extrême est requise à ce niveau.

Choisir d'être des individus éveillés, c'est faire des choix qui nous conviennent. Être éveillés, c'est se diriger vers des situations qui semblent génératrices de bonheur, et non pas l'inverse.

Souvent, dans la vie, nous amorçons des relations amoureuses que, pourtant, nous savons destinées à ne pas fonctionner. Nous nous lançons dans des expériences que nous savons intuitivement être génératrices de souffrances diverses. Et nous nous y engageons quand même!

Lorsque nous devenons éveillés, nous sommes de plus en plus en mesure de faire des choix qui nous portent vers plus de bonheur, plus de joie de vivre, plus de plaisir car, intuitivement, nous choisissons des situations qui nous conviennent.

La souffrance naît toujours de nos pensées de limitation, de nos pensées erronées. La souffrance est une étroitesse du champ de la conscience. Plus nous devenons conscients, moins nous souffrons.

Le sentiment de séparation fait toujours naître des expériences douloureuses, mais lorsque nous prenons conscience du fait que nous sommes liés à tout l'univers, que nous sommes liés à tous les autres êtres sur cette planète, il ne peut y avoir de souffrance.

Nous avons la responsabilité de nos pensées. Nous sommes responsables de ce que nous pensons, de ce que nous vivons, des émotions que nous entretenons, de ce que nous sommes. Mais il n'est jamais trop tard pour en changer, pour nous améliorer.

Nos vieilles pensées sont parfois difficiles à déraciner, c'est vrai, mais l'exercice n'est pas impossible à effectuer. C'est un travail de tous les instants. Nous devons faire preuve de vigilance, à cœur de jour, et observer la qualité de nos pensées et de nos émotions. À ce prix seulement, nous connaîtrons une vie de plus en plus heureuse et harmonieuse.

Ouvrages suggérés par l'auteure

- Bolduc, Marie. *Le couloir des élus*, Loretteville, Éditions Le Dauphin Blanc, 1993.

- Chopra, Deepak. *Esprit éternel et corps sans âge: l'alternative quantique à la vieillesse*, Montréal, Stanké, 1996.

- Chopra, Deepak. *La santé parfaite: guide complet pour le corps et l'esprit*, Paris, Éditions A.L.T.E.S.S., 1991.

- Chopra, Deepak. *Les sept lois spirituelles du succès*, Monaco, Éditions du Rocher, 1995.

- Chopra, Deepak. *Se libérer des prisons intérieures: unir l'esprit et la psychologie pour rejoindre notre réalité personnelle*, Montréal, Stanké, 1993.

- Chopra, Deepak. *Vivre la santé: comment la pensée guérit*, Montréal, Stanké, 1988.

- Duranleau, Yves-Alain. *La vie le rappelle à la vie*, Saint-Zénon, Éditions Louise Courteau, 1994.

- Gawain, Shakti et Laurel King. *Vivez dans la lumière: guide de transformation personnelle et planétaire*, Barret-le-Bas, Éditions Le Souffle d'or, 1986.

- Harvey, André. *L'ultime pardon: au-delà de la vie*, Boucherville, Éditions de Mortagne, 1993.

- Hay, Louise L. *Transformez votre vie*, Genève, Éditions Soleil, 1989.

- Hayes, Patricia et Marshall Smith. *La mort un pont vers la vie*, Genève, Éditions Soleil, 1986.

- Lanctôt, Dr Guylaine. *La mafia médicale: comment s'en sortir et retrouver santé et prospérité*, Coaticook, Éditions Voici la clef inc., 1994.

- Lemieux, Michèle. *Prendre sa vie en main*, Montréal, Éditions Quebecor, 1998.

- Markoff Assistent, Niro. *Comment je me suis guérie du sida*, Genève, Éditions Vivez Soleil, 1992.

- MacLaine, Shirley. *Danser dans la lumière*, Montréal, Éditions Primeur, Paris, Éditions Sand, 1986.

- Meurois-Givaudan, Anne et Daniel. *Les neuf marches: histoire de naître et de renaître*, Paris, Arista, 1991.

- Millman, Dan. *Le Guerrier pacifique: un chemin vers la lumière*, Genève, Éditions Soleil, 1990.

- Northwood, Robin. *Pourquoi moi?: réponses possibles à des questions impossibles*, Montréal, Stanké, 1994.

- Ponder, Catherine, *Les lois dynamiques de la prospérité*, Saint-Hubert, Éditions Un monde différent, 1996.

- Redfield, James. *La Prophétie des Andes*, Paris, Éditions Laffont, 1996.

- Redfield, James et Carol Adrienne. *Les leçons de vie de la Prophétie des Andes*, Paris, Éditions Laffont, 1995.

- Roberts, Jane. *Seth*, Boucherville, Éditions de Mortagne, 1991.

- Roman, Sanaya. *Choisir la joie: clés pour la force intérieure et la transformation spirituelle*, Bourron-Marlotte, Éditions R. Denniel, 1988.

- Roman, Sanaya et Duane Packer. *Créer l'abondance: manuel de prospérité*, Genève, Éditions Soleil, 1990.

- Selye, Hans. *Stress sans détresse*, Montréal, Éditions La Presse, 1974.

- Williamson, Marianne. *Un retour à l'amour: réflexions sur les principes énoncés dans Un cours sur les miracles*, Saint-Léonard, Éditions du Roseau, 1993.

- Walsch, Donald Neale. *Conversations avec Dieu: un dialogue hors du commun*, tome 1 et tome 2, Outremont, Éditions Ariane, 1997.

Table des matières

Remerciements 9

Introduction 13

PREMIÈRE PARTIE:
APPRENDRE À COMMUNIQUER AVEC NOTRE ÂME

Chapitre 1:
Les trois niveaux de compréhension 17

Chapitre 2:
De jeunes âmes et de vieilles âmes 33

Chapitre 3:
L'âme et l'ego 47

DEUXIÈME PARTIE:
LE SENS DE LA RESPONSABILITÉ

Chapitre 4:
Les problèmes sont des messages 63

Chapitre 5:
Devenir responsables de notre incarnation 77

Chapitre 6:
Apprendre à s'aimer 85

TROISIÈME PARTIE :
L'AMOUR DE SOI S'EXPRIME PARTOUT DANS NOTRE VIE

Chapitre 7 :
La santé : le reflet de notre état de conscience 101

Chapitre 8 :
Nos relations ne sont pas le fruit du hasard 117

Chapitre 9 :
Développer notre conscience de l'abondance 129

QUATRIÈME PARTIE :
VERS UNE CONSCIENCE ÉLARGIE

Chapitre 10 :
Les vertus du lâcher-prise 143

Chapitre 11 :
Vivre de plus en plus dans l'harmonie 153

Chapitre 12 :
Notre pensée : une richesse infinie 161

Ouvrages suggérés par l'auteure 169